ちくまQブックス

悩んでなんぼの青春よ

頭がいいとはどういうこと？

森毅

筑摩書房

本文イラスト
須山奈津希

悩んでなんぼの青春よ
——頭がいいとはどういうこと？
目次

目次

第1話 頭がいいとはどういうこと？　007

第2話 先が見えないのは当たり前

第3話 自分らしく生きるとは？　081

◆次に読んでほしい本　

第1話

頭がいいとはどういうこと？

頭が不器用？

このごろの入試改革論議で、「よい学生がとれた」のたぐいが言われすぎね。学校ちゅうところは、アホを入れてかしこうするところのはずなのに、かしこいの入れてアホにするんかな。それに人間には持って生まれた素質がきまってる、みたいなへんな才能信仰《しんこう》があるね。かしこいというのは、どういうことかというのもようわからないけど。

前、新聞の身の上相談をしていたとき、こういうのがあった。「自分で言うのはおかしいけれども、うちの娘《むすめ》はものすごくかしこい。幼稚園《ようちえん》のころから、楽しみですねと言われた。ちょっとヒントがあるとすぐにひらめくし、サッサ、サッサとやる。小学校三年生。ところが、成績はもうひとつよくない。世間では、かしこければ成績がいいはずだという。どういうもんでしょう」。

かしこいというのは、本当は「頭が器用」というほうが、正しいと思う。ぼく自身もわりと器用さはあったほうだけど、器用というのは、ものわかりが早いとか、反応が早いとか、ちょっちょっと憶《おぼ》えるのが得意とか。

音楽が器用とか、絵が器用っていう子いるでしょう。リズムとるのがうまいとか、メロディーをすぐ憶えるとか。器用なほうが、いちおうは世渡《よわた》りに得なんじゃないの。たとえばスタジオミュージシャンになるときに、そのほうがいくらか有利かもしれん。だけど、器用な子がいいアーティストになるとはかぎらない。それは当然。不器用なくせに、なんとなくそれなりに味が出て、おもしろいというのもある。

頭の器用というのも、ちょっと似たような感じがしてる。大学あたりに行くと、頭の器用だったやつっていうのが圧倒的《あっとうてき》に多いわけ。かしこいというのは、ぜったい自慢《じまん》にならない。うんと器用なやつは「あいつは器用や」いうてみんなにひやかされる。それでニブいというと自慢になる。大学の教師なんかしてるというのは、かなりかしこいほうだけど、ニブいことを自慢しあうという、奇妙《きみょう》な感じ。たしかに、ニブいので有名な友だちもいる。東大教授で。そいつの専門に近いやつがいうには、なんか新しいことが出てきても、あいつはなかなか納得しようへん。ところが一年か二年してから、ひどくちゃんとわかる。ニブいので、世界的に有名なのは、アメリカにいるフリードリックスという人で、何いうても話が通じない。これも大数学者だけど、このおじいさんボケたんかなと。ところが、二、三年すると、通じなかったアイディアを、ものすごくうまく使っていい仕事をするというので、世界的に通ってる。

なんか、ものわかりのいいというのは、やっぱりすべるんでしょうね。理解が表面的になって。ニブいやつは、なんとなくわかり方にコクが出てくるわけ。器用なことのあぶなさというのは、いつでもスッスッとわかるくせがついてるから、わからんままでかかえておくのがヘタになる。どっちみちそれは必要なのね、そのうちわかるわいうてかかえておかなしゃあない。だから、器用だからええとはかぎらんね。

才能とは何？

それから、大学の中でとくに器用そうなやつに聞いてまわると、小学校や中学校のころ成績が悪かったやつが多い。しかし受験なんかでは、その器用さを生かして、なんとかなったりするんだけど、ふだんは頭が器用なだけに、学校の成績を上げるというようなことは、あほらしくてせえへんわけ。

だいたい頭の器用な子は関心がいろいろ拡散するのよ。だから学校のこと以外に、ちょっと大人っぽいことなんかにちょっかい出してみたりするというのは、まあ器用やからやりやすいのね、当然。

器用のよさみたいのもある。不器用なのはやっぱり落ちこみやすいわけ。ほかのやつがスイスイわかるのに、ちょっと遅《おく》れたり、それでドジッたり。そうすると、やっぱりこれつらいとこで、不器用やからせめて成績がいいと安心するというようなね。それで友だちがいうたけど、「かしこいくせにええ点とるちゅうのは、どあつかましいでえ」って。か

頭が器用なタイプ

時間がかかるがひどくちゃんとわかるタイプ

しかったら、点ぐらい悪うてもええやないのって。

器用な子はそれでええんやと思うね。成績が悪うて困るかいうたら、もともと根が器用やねんから、ふだんの成績が悪うても入学試験だけ強かったりする——ぼくなんかはそうやったけどね、やっぱり。昔そういう型はようあったよ。毎学期ええ点とって、その上に入学試験もええというように一致《いっち》せんならんというのはきつい。とくに大学入試というのは、一回きりのイベントやからね。一発あてたらええねん。


ただ、才能というのもこれまたわからんもんよ。

若いころは、ペーパーテストではようわからんけど、いろいろおしゃべりすると、だいたい才能がわかると信じてた。なんか反応が早かったり、ものわかりがよかったり、ちゃんとこっちに受け答えしてくれたり。こいつはええなあと思うたわけ。そういうのはいわゆる頭が器用な子ね。もちろんそれも悪くない。若いときから花を咲《さ》かせるという感じ。ところがずっと見てると、花は咲かせるにしても、まあそんなもんよというやつがおる。

いっぽう、あいつ大学院に行って研究者になるいうとるけど、向かへんのとちがうか、なんかドジやしなあっていうやつが、意外に十年ぐらいするとパッと大輪の花を咲かせることがある。だから、十年たたんと才能わからへんという感じ。ただしこれも、実はつらいところがあって、十年たてばかならず花がひらくとはかぎらない。それから、二十年ひらかないと、まずひらかない。しかし二年や三年ではわからない。才能というものが決まってて、それではじめからわかってるとかいうのは、うそ。人間変わるしね。

なぜ学歴は重視されるか

最近もっぱらとなえてるのが「実体が空洞化《くうどうか》した場合は、幻想《げんそう》が肥大化する」という定理。これはいろんなところに使える。いま、先はどうなるかわからん、というふうに、不安定になっているでしょう。流動性がふえてる。そうすると、かならず精神的安定を求めるために幻想を対置するのね。

単純な例でいうと、臨教審《りんきょうしん》※が学歴の価値は実質的には少なくなって、心理的なものとして強まってると書いて、ものすごくたたかれたでしょう。だけどあれは、そうにきまっとるんや、論理的には。だいたい昔にくらべたらいま大学出るやついっぱいおるからね。特権というのは、少数やから得するわけ。それで、これだけ大学生が多いから、「大学出てなんぼのもんや」ということになるにきまっとるわけ。じゃあ東大出たらええかといったって、東大や京大いうたって、昔にくらべたら一ケタふえてるからね。だから少数特権ということは、どう考えてもあるはずない（※編集部注・臨時教育審議会の略。一九八四年に教育改革を目的に設置された総理大臣の諮問《しもん》機関）。

ちなみに、東大出たために損する人がいるという話あるでしょう。知らん？　ひとつは、しょうもない話だけど、「おれは東大出たのにこんな職場じゃ気に入らん」とか、「こんなかみさんじゃ気に入らん」とか、一生東大が後ろにくっついて不幸な一生をおくるというケースがあるわけ。そんなやつは、だいたい東大出る資格ないけどね。そんな東大にこだわるようなやつは、東大入ったら不幸のもとになるから、そうならん人だけが東大へ入ってほしいと思うけど。

もうひとつは、そりゃ東大出たってドジすることあるでしょう。それでいままでのウラミがあるだけに、あれでも東大出てるのよといわれて、いじめられっ子になるタイプ。まあ、それはさておいて。

　昔にくらべると、新しい知識がどんどんふえてるでしょう。一番単純なのは技術畑でね。昔から、一般《いっぱん》教育はムダやてよういいよる。おれは一般教育の教師やからいうけど、あれはムダよ。ほんまにムダ。しかし、専門教育はもっとムダ。だって専門教育は、十年もしたら変わっちゃうからね。だいたい大学というのはムダなんや。昔やと、さすがは帝大《ていだい》出た方で、学識がありまして、とかいうような感じで、長持ちしたんよ。学校で教わったことというのはこのごろ長持ちしない。だからどれだけ新しく文化を獲得《かくとく》する能力があるかのほうが問題で、大学のときにどれだけ獲得したかは、たいして役に立たない。

　学校以外から得る文化情報というのがものすごくふえてる。いい本はいくらもある。たとえば筑摩《ちくま》書房《しょぼう》の教科書だけに頼《たよ》るよりは、筑摩書房から出るいろんな本を読んだほうがかしこうなれるで。本を買わんでもラジオかテレビ聴《き》いたって、けっこういいもんあるしね。そしたら、学校の実質的な価値というのはへってるよね。それに反比例して心理的な価値は明らかにものすごく重くなってる。いまどんどん。学校は人生にとって決定的みたいに思われてるわけ。

これは自然なことやと思うね。さっきの定理で、実質が空洞化すると、幻想に頼ってバランスとろうと思うんよ。先のほうがいろいろわからんと心配やから。

つまりたとえば「人間の一生なんて学歴よりは学校を出てからできまるんや」といわれると、不確定な部分が大部分ということになるでしょう。そうすると、せまい、確定した部分をものすごく重んじて、精神的なバランスをとる。ぼくは学歴問題の構造、学校が非常に重んじられる構造というのは、そういう種類のもんやと思う。

数学の出来は遺伝なの？

不確定なものを確定した幻想に変えようと、才能信仰と努力信仰というのが、両方あって、なんか才能できまるとか、努力できまるとか、「なんとかできまる」というのがものすごく多い。そんなものきまらへんで。

あれは裏腹みたいでしょ。「数学なんかは生まれつきの才能や」てなことといってね。そういうとぐあい悪いから、今度は、努力すれば何事もなるとか。なせばなる。あれものすごく損なのにね。才能かもしれんけど、その才能というものは十年たたんとわからへんから、何が才能かわからへんわけよ。これは、そういう不確定な部分がこわいから、確定性を求めたがるのよ。

だいたい、このごろ、因果関係を求めたがる傾向《けいこう》強いでしょう。オカルトの流行も、ぼくはそれやと思う。あれは科学的合理主義を知らんからというのはうそでね、あれは悪い意味での科学主義。なんでも科学で解決できるはずやというふうな、因果関係でものごとに決着をつけたがるという意味での科学主義。それの鏡像みたいな感じがする。なんか理由つけると安心するわけよ。一番あほらしいのは、「数学できないのは、おかあちゃんもできなかった。血が悪い」。おかあちゃんのせいにできるからね。芸術なんかでもあやしいと思うけどね、本当に遺伝かどうか。

環境《かんきょう》は大きい。このごろ作家でも二代目が多いでしょう。あれは、世間が均質化してるために、二代目が有利になってるのかもしれない。

いちばん極端《きょくたん》なのは、古典芸能。二十歳《はたち》近くなって義太夫《ぎだゆう》が好きやからといって入っても、身につかないでしょう。ところがそこの太夫の家に生まれたりすると、子どものときから知っている。歌舞伎《かぶき》なんかでも明らかにそうやと思うね。御曹司《おんぞうし》は有利なんよ、ほんとに。耳で憶えたり、雰囲気《ふんいき》で憶える。

作家なんかの場合でも、二代目というのは、編集者がウジャウジャいうてるのを聞いてて、ものを書いたりするコツみたいなのを知ってるでしょう。それは学校の作文の宿題の雰囲気とぜんぜんちがうよね。だからものを書くというのは、どういうもんやというのをたぶん知ってる。だから二代目が有利になるというのは、そういう現象で、血の遺伝ではまったくないんやと思う。政治家も、けっこう雰囲気があるんちがうかな。後援者《こうえんしゃ》のつきあい方とか、一般家庭とちがうからね。これは、利権が伝わるということもあるかもしらんけど、それ以上に大きいんちがうかな。だから、親の七光りはあることはあるやろうけど、二代目が多いのはけしからんと、そればっかりいうのはアンフェアやと思う。よしあし別にして——やっぱり悪い面もあるんやけど——社会自身が変に均質化してるからね。学校文化みたいなのが主流になって。だから個別文化が有利になってる。

ただこれは非常につらい話。経済的条件なんていうのは、一代でなんとでもなるわけ。それこそ成り金で、稼《かせ》いだらなんとでもできる。ところが文化的遺伝というのは、三代かかるというの。
河合隼雄《かわいはやお》※の説によると、子育てのあり方は、その親がどういう育ち方をしたかによる。これはおじいさん、おばあさんがどうしたかというのが影響《えいきょう》する。これは、まあ三代くらい崇《たた》るらしい。生きてなくても。そういわれると、貧乏《びんぼう》なところから出て作家になったというのがよくあるでしょう。ところがあれ、昔は金持ちの家で、文化人やったおじいさんがいて、おじいさんが道楽のかぎりをつくして、絵描《えか》きを後援したり本を集めたりして財産を蕩尽《とうじん》して、おとうさんは貧乏のどん底にいてというようなのが多い。（※編集部注・一九二八〜二〇〇七の臨床心理学者）
このごろよく、いい大学へ入る子は金持ちの子が多いという話があって、それは事実やけど、金だけとちがうで、やっぱり。娘が昔、家庭教師をしてたころ聞いたら、たとえば百科辞典がワーッとあるということはたいした問題じゃない。それをしょっちゅう引く雰囲気があるかどうか。古くさい、もう五十年ぐらい前の辞書でもええから、何かあるとパッと引こうというふうな雰囲気を持ってるかどうか。
それから、そういう文化的伝統があるところは、どっちかといえば「学校の点数より、ほんまにわかってんのん」とか、そういうことを気にするというスタイルがあるでしょう。「わからんでええ点取ってもしゃあないよ」とかね。まあ、わかってたんやったら、点ぐらい悪うても後でなんとかなるから、と。おやじさんやらおじいさんやらがそういうことを経験してるからね。そういう種類のことは影響する。まあ、三代目ぐらいになれば拡散するやろけど。このことのほうが、ある意味で言うと差としてはきついね。それは、すぐに回復できへんから。

そやけど、数学ができるようなDNAてないで、やっぱり。あるとすれば環境遺伝。ところが、おかあちゃんが悪いから私もできへんというと、理由がついて、安心するでしょう。もっとひどくなると、五代前の先祖霊《せんぞれい》が祟ってるから数学はだめだとか、血液型が数学に向いてないとかね。こうだからこうだという、因果関係の鎖《くさり》をつくりたがる。不安定になればなるほど、そういうことが起こるんじゃないかな。

努力はむくわれる？

努力すれば、かならず何かなるはずだというのは、それの補完でね。だいたい努力はかならずむくわれるというアホを教えるからいけない。うそにきまってるでしょう。努力したらみんな芥川賞《あくたがわ》もらえるかというのね。そしたら才能かといったら、才能でもない。わからへんのよ。

今度定年になるやつが、焼き物をひそかにやっとって、このあいだ焼き物の個展を開いた。それでみんなで感心してね。「大学生、このごろしょうがないし、大学の教養課程に焼き物というのを入れたらどうや」と。焼き物を必修科目にして、窯《かま》あけてできが悪かったら単位を落とす。

あれは、ともかく何度もやってるといいものができるチャンスはふえるよね、それなりに。それから生まれつきのセンスみたいなものもたぶんあって、才能ある人はやっぱりいいものを作るチャンスがある。だけど、どんなに才能があって、何十年やってても、窯あけるまでは何が出てくるかわからんでしょう。あれはいちばん極端にそういうもんらしいですね。芸術院会員であれ、何であれ、窯あけるまではわからないという。しかし世の中そういう面がかならずあるわけね。

ところが学生さんは、努力さえすればかならずむくわれていい作品ができるはずだとか、単位がもらえるはずだとか、あるいは才能があるんやからもらえて当然とか。そういうのが、ものすごくきついね。世間はおれの才能を認めんとか、努力してもむくわれんとか言って、一生暗くすごしたりしてね。

ほんと、「これでも努力したんだから認めてくださいよ」っていう学生さんが年々ふえてる。

おれはそんなん知らん。おれは過去は問わん。努力も前科も認めない。努力したかったらいまからしなさい。ただし、六十ぐらいになると、だんだん心弱くなって、おれの今日あるのは過去の努力のせいだといってなぐさめたくなるような気分がするもんで、そういうことをいう年寄りは、やっぱり大事にしてあげたい。そのかわり、努力を認めてくれというのは六十まで早い。そういう感じやな。

それに、本来はあれ、外がいうもんよ。むくわれるとかなんとかに無関係に、ハッチャキになってやってて、それで結果的によくなって、やっぱりあの人は努力したからやとまわりが言うんで、むくわれることをあてにしたら、もうそれ自体が努力でない。

たとえば、しめきりがすんでからレポート持ってくる学生がおるわけ。「間にあわなかったんですけど、受けとってもらえませんか」というから、「受けとってほしい？」「はあ」「じゃあ受けとってあげる」。そういうたら、うれしそうな顔するから、「おまえね、それがあまいの。しめきりが過ぎてから渡したということは、単位を落とすことにつながるやないの」。

ちゃんと渡すということと、単位の取りやすさというのは、ちょうど不確定性原理みたいなもんで、ちゃんと渡せば渡すほど落ちやすくなる。そこらへんに捨てていけば拾われる確率がある。実際はね、かなり拾っちゃうわけ。仮にちゃんとやったやつが半分通るとすると、しめきりに遅れたやつは五パーセントぐらい通る。それから郵送してくると、〇・五パーセントぐらい通る。書留で送ると〇・〇五パーセントぐらいになる。書留というのは一番腹立ってね、速達書留というから、原稿料《げんこうりょう》かなんかだと思って、ハンコ持っていそいそと行くと……中から学生のレポート。

渡すことに極度に熱中するね。あれは高校までの影響がある。きっちりしめきりに規定枚数のレポートを出せばかならず単位をもらえるとか、宿題を出しさえすればええとかね。

あれやってると内実がどんどん悪うなる。うまく間にあいさえすればいい。そうかといって、実質本位でやったらきりないわけ。

仮にふつうが半分で、いいのが四分の一で、悪いのが四分の一だとするでしょう、おおまかに。そうすると、悪いほうの四分の一は、間にあっても落としちゃうわけ。いいほうの四分の一は間にあわんでも通す。半分はしめきりに間にあうか間にあわんか。だいたいそういうふうになるのね。それ、世間の相場よ。

制度的なものがないと、世の中まわらへんでしょう。そうかといって、制度だけでやると、内実がどんどんだめになっちゃう。ジャーナリストの人が一番よくわかるんだな。雑誌や新聞なんかいくらしめきりまでにちゃんとやったって、だめなものはどんどんボツにする。記者が苦労して、徹夜《てつや》して書いてもボツになるかもわからへん。苦労したやつは全部のせるのは同人雑誌だけ。しめきりすんでからでも、いいのがあれば無理して入れたり、場合によっては、いままであるやつをはじきとばしてでも入れる。世間というのはそういうもんやと思うね。

学校は何をしているところ？

ところが、これは学生さんには大ショックや。間にあったのに落とされて、間にあわんかったやつが通ってるというのは。高校まで、ものすごく制度の部分が重くなっているから、非常に不満らしいね。

なんか情熱をかけたら、当然それに対して学校側はこたえるべきだという。またしかし学校の先生はわりと努力を買うというの好きでしょう。努力賞。それで努力することを励《はげ》ますという。そりゃまあ、努力は買ってもいいけど、やっぱりムダを覚悟《かくご》で努力するという体験をするもんやと思うけどね。ムダ、つまりあほらしいと思いながらやる。道楽というのはだいたいそういうもんよね。

このごろの学生さんでちょっと心配なのは、高校まで抑圧《よくあつ》されてるでしょう。大学入ったら、せいいっぱいなんかやりたいという。ところがやりがいのあることってそうはない。それでちょっとなんかやりかけて、これはそうでもなかったといって、青い鳥を求めて四年間という、あれは不幸だな。

芝居《しばい》なんかやってるやつに、そういうもんやろいうたら、「そうですそうです」いうてたね。つまり「芝居好きや」いうてやりかけて、最初はちょっと熱こめてやってたけど、一年もするとなんとなくあほらしくなってきて、なんでおれはこんなあほらしいことに熱中してるのやろと思いながら、なんとなくやめられずに一所懸命《いっしょけんめい》芝居やってます、というようなのがふつうでしょう。やっぱりそういう屈折《くっせつ》なしにやるというのはおかしいと思うね。

それが遊びの部分であったわけでしょう。たとえば昆虫《こんちゅう》少年が、昆虫に熱中したり、天文少年が星ばっかり見て、なんでこんなことしてんのやわからんけどやっとるという。そういうのはないからね、いま。

それで全部学校に価値が一元化されて、その価値がすべてと思って安心したがるけど、その価値というもの自身うそやからね。だけどまた屈折せず極端にうそと思っちゃうのもおかしい。つまり、学校なんていうのはしょうがないというと、とことんはみ出すよりしょうがないでしょう。まあ、この程度のもんよと、幻想やけど、まあ精神安定剤《せいしんあんていざい》やという

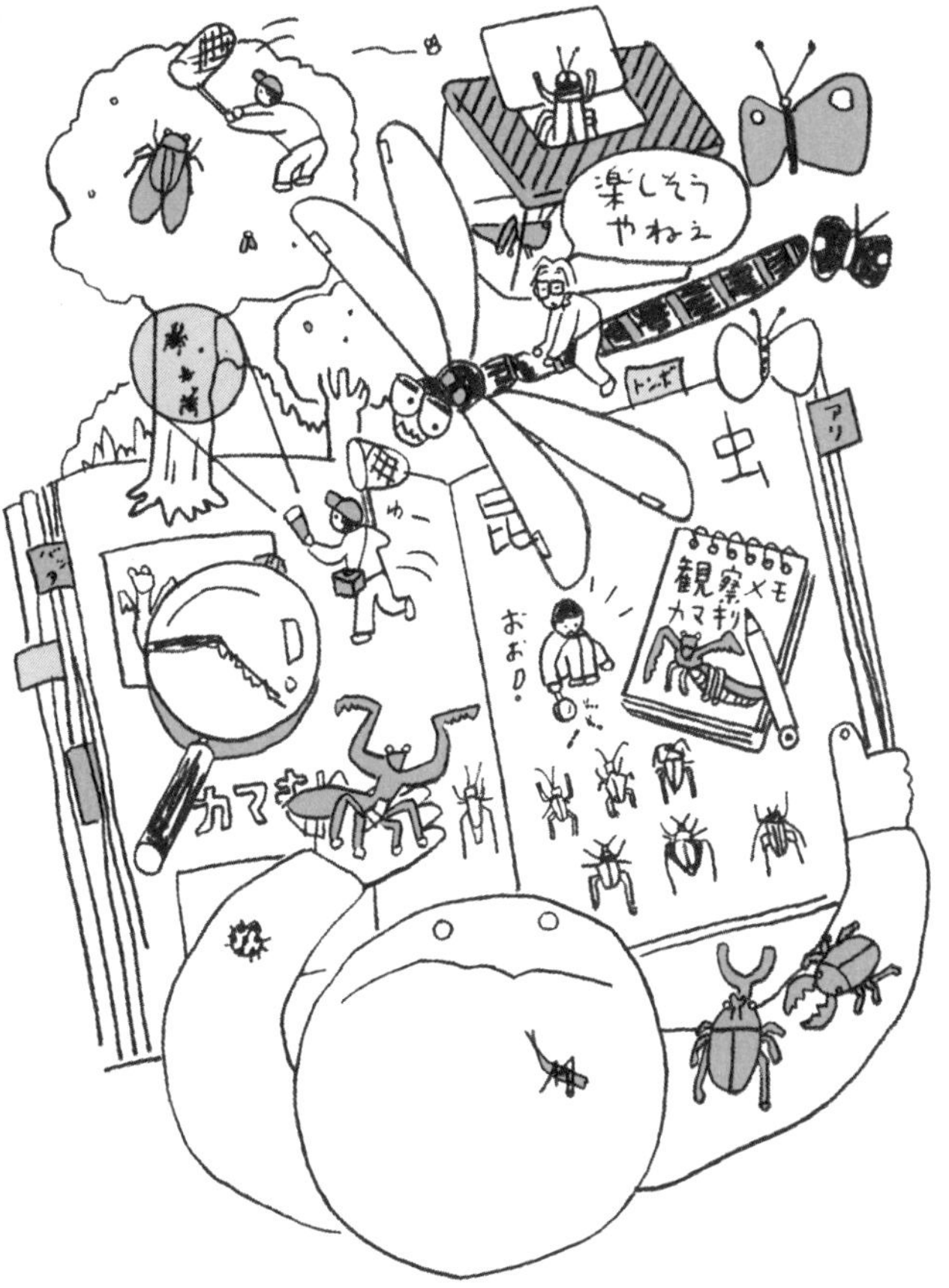

外のものさしにこだわらず、自分の情熱に向き合うことがあっていい

程度でやってたらええと思うよね。

点数幻想というのだってそう。点数をなくそうという話あるでしょう。実際、あれ無理やと思う。二十年前に大学改革論議のはやったとき、教養の二年間ぐらいは、授業やゼミでありとあらゆる面倒《めんどう》見るかわりに、点数と単位を全部廃止《はいし》したらどうやという話もあった。勉強はいくらでもできるようにしてやるけど、いっさい評価しない。それで、大学生のことやし、三年になってから外国語の本が読めんで困ろうが、数学の計算ができんで困ろうが、それは自業自得《じごうじとく》やと思うことにする。これはきついのよ。おそらく自殺者続出やろういうて。つまり、だれかほかの人がいってくれんと心配だから。

もっとふつうの例でいうと、模擬《もぎ》試験いっさい受けず、自分の実力は自分がわかるといって、自分の勉強だけで、入学試験受けるというのはきついよ。だから点数というのは、精神安定剤としてある程度必要やと思うね。そやけど、いまは単位をやかましくいいすぎる。あれはなんか麻薬患者《まやくかんじゃ》に麻薬やってるような気分。だけど、いっさいやらなかったら、禁断症状《しょうじょう》起こしよるやろし。だからまあ、点数というのはしゃあないからという程度でつきあってくれたらええのやけどね。ところがそうすると熱が入らんという説がある。

受験勉強なんかでも疑いを持ったりしたらだめで、もう受験が一生をきめると思わんと迫力《はくりょく》はないんやという。ほんまかどうかあやしいと思うけどね。

人間はそんなに単純ではない

ぼくは大阪《おおさか》育ちのせいか、わりと損得で考えるのが好きで、わからんことを信じこんだら損ちゃうかという気がする。たとえば点数ひとすじでやって、得な面もあるかもわからんけど、損な面もあるかもわからんし、試験のことを気にすれば気にするほどドジるかもわからんし……。

試験以外のことをいっさいかまうなというふうなことをよう言うけど、それに反発してほかのことやっちゃって、試験のほうもだめになったりする。「試験ってどうってことないけど、まあつきあいや」ぐらいの気分でやったほうが、いい面もありうるでしょう。しかし、こういうのは個人差あるやろし、結果論で人間の一生てどうなるかわからへんのやから。どうなるかわからへんもんやったら、楽なほうが得やないかと。

勉強ひとすじをいうのは、ものごとを単純化することを選択《せんたく》したがってるだけのような気がするなあ。

ぼくは国家公務員やから職務専念義務というのがあるんだけど、職務専念がいいというのは、ちょっと気に入らない。よく学校の先生がアルバイトするのはけしからんと言うでしょう。ぼくはアルバイト奨励《しょうれい》すべきだと思う。二足のわらじのほうがええんとちゃうか。小学校の先生にも、もっと、とくに水商売のアルバイトは奨励して。サービス業ね。男の先生はバーテン。そうすると、人の心のやりとりを学ぶから。カッとする子を、どうやってなだめるかとか、そういうノウハウを憶えるでしょう。

ぼくは職務専念というのは、失敗したときの免罪符《めんざいふ》だと思う。これだけ一所懸命やってるんだから、ほかのことにはいっさい目をくれずにやったんだからという。ほかの仕事したほうが、かえっていいと思う。

ぼくはわからないことをかかえているけど、解決を急がない。無理に解決したつもりになるというのは幻想やと思う。つまり、きめて安心するでしょう。努力すればかならずいい結果になるとか。やり方を一つにしぼるより、なるべくふたつの使い分けをしたほうが得やろね。

ぼくは若者を見てて心配なのは、ものごとが単純化されて、屈折がどんどんへってること。

いつだかラジオで、桂文珍《かつらぶんちん》のトーク番組に出た。生番組やから途中《とちゅう》で電話をかけてくる。「新人類批判」というテーマやった。おもしろかったな。入ってくる電話が、完全に分極化してるの。このごろの若いやつはちっとも大人のいうことをきかんで、勝手ばかりしよるというのがひとつ。もうひとつの型は、このごろの若いやついうたら、大人の顔色ばっかりうかがって、自分ではなんにもしよらへんという。どないせえちゅうの。

正解はしかし、両方まざってないといかん。どっちを先にいうかによって、そのニュアンスがちがうんだけど、「あいつはいつも年寄りの言うことばっかり聞いてるか思うたら、ときたま自分の判断でドカッとでかいことしよるし、おもろいやっちゃ」というパターンもあるでしょう。それから、「あいつはなんかもう、自分の勝手ばかりやってるようで、けっこう大事なとこは年寄りのいうこともちゃんと聞いとるで」とか、そういうのもある。Aだけれども Bとか、Bだけれども Aといった、ふくらみのあるのがいい。それも個人差がいろいろある。ところがそれなしにAだけとか、Bだけとかいうふうに単純化される傾向が強い。

学校の影響もあるのかな。性格の評価とかいうのがあって、あれはかならず一直線になってて、右が一番よくって、左が一番悪いようになってるでしょう。だけどほんとは、右もあるし左もあるのね。かならず線の右はしがよくて、左はしが悪いというふうな基準でやっちゃうから、ぐあいが悪いんで。人間やから、いりまじっとるでしょう。なのに、性格は明るいか暗いか、どっちかみたいな、単純分類が好きね。

きめるのって、けっこうおもしろいわけ。ただ、しょせん遊びであるという距離《きょり》感《かん》があればいいんだけど、それがないのね。距離感なしでやると、すごく単純になっちゃう。血液型だって、どの程度本気なんやろね。ぼくは遊びであるかぎりは、わりとおもしろいと思う。

大学は変わる

おじさんが東大に入るというのあるでしょう。親子で受かったとかありうるよ。ぼくはそういうの会ったことないけど、噂《うわさ》によると、京大にかれこれ二十年ぐらいいる学生がいるとか。順番に全部の学部出とるとかいう。

それから、あれびっくりしたな。医学部でコントラクトブリッジ※の話をしてたら、終わって五十ぐらいのおじさんが来て、「先生、コントラクトブリッジなら、昔ぼく書いた本がありますから今度持ってきます」。見たら一九六〇年ごろ、東大ブリッジクラブのキャプテンやってたやつで、六〇年代に日本で五本の指に入ってた人で、いま学生。会社やってたんだけど、なぜか医学部入ってるんですね。それで、ごていねいに熊野寮《くまのりょう》に住んでいて。どうなってるんだろうね。（※編集部注・カードゲームの一種）

大学の未来像の話で、なんのかんのといっても、ぼくは学歴問題はいくらか自然解消すると思う。というのは、たぶん二十年以内ぐらいに、日本の大学も欧米《おうべい》なみになってたぶん外国人の数が三割超《こ》えるでしょう。アメリカとかヨーロッパとか、東南アジアとか。なんかいろんな言葉が、カタコトがとびかうとかね。それから、高年齢層《こうねんれいそう》が三割超える可能性がある。四十とか五十とか、定年になってから京都大学とかね。それは試験制度との関《かか》わりがあるし、聴講生《ちょうこうせい》とか社会人入学とかがどうなるかによるけれど。それから女性が四割ぐらいになると思う。

いまは二十歳の男の子がかたまってるからいかん。あれでなんか、社会人予備軍みたいな気分になってね。これで、なんやらいろんな国のやつがいて、おじさんやおばさんやら、おじいさんやらが入りみだれてたら、なにやらわからんようになってくる。でも、そうなる方向に明らかに動いてる。制度の部分の肥大化した、いまの日本の大学はちょっと変になってるからね。

二十五年ぐらい前に、はじめて学生のストライキが試験にひっかかったことがあった。六〇年安保の学生運動のときに、わりとよく授業が抜《ぬ》けて、授業がストライキで抜けるぐらいは驚《おどろ》かなくなっちゃった。ところが、試験が抜けると、制度的にあとがたいへん。再試験するとか、どういうかたちで単位を出すかとか。きっちりやるとたいへんなの。そのころ若かったけど、みんな呼び集められて議論した。二十五年前は、教室で授業するのが本体で、試験とか単位とかいうのは、制度的につじつまをあわすためのおまけであって、おまけで大さわぎして、本体はほっとくというのはスジ通らへんのとちゃう？　とかいう正論めいたのが、けっこう出たね。

ところがいまだったら教授会で、そういう話が出る雰囲気ない。学生さんにしたら、もう完全に単位とか試験が本体で、授業はおまけ。これは制度がきびしいかどうかとは無関係なところがあって。試験は、表面的に重くなってる。重くなりすぎてるから、ちょっとまずいとは思うけど、だからといって全面廃止したってしょうがない。しようと思ったってできへんし。そんな急激《きゅうげき》な変化は、たぶんうまくいかんやろし。

しかし、いまの制度の中で生きていくとしても、自分ひとりはいくらか距離感持ったほうが得ちゃうかという気がする。そこらへんは、わからへんけどね。そら、古い人間やといわれるかもわからへん。「あんたらのころとちがうんや、いまはそんなこと言うてたら、入試通らへんのや」とか。何ぬかす、おれ、入試の名人やから、それでも通ってみせるわとかいうて。

みんな、なんか同じ型じゃないとだめと思ってる。どんどん、どんどん型にはめようとするでしょう。大学受験だって、倍率が二倍をこえたら落ちるほうが多数派で、多数派の型にあわせるというのはだめに決まっとるのにね。

カッコつけてもいい

受験の話でいうと、入試制度がしょっちゅう変わるでしょう。受験生さんのところに講演に行くことがあるけど、「こんなに入試制度がガラガラ変わったら、受験生の迷惑《めいわく》や」とかアホなことというものだから、「何が迷惑や、迷惑なのはこっちや、どんなに苦労してるか。ほんましんどい目させられて。あんたらは、ふだんやと堅気《かたぎ》の優等生ちゃんにはかなわんかもしれんけど、こういう変動期やとなんとかなる、これが受験生の心意気。そうやないとあかんのや」いうてね。

ぼくなんかのころは、ひどい時期。旧制高校入試で、試験科目の発表は半年前だもの。それで、二年ぐらい前から勉強するわけよ。赤尾《あかお》の豆単《まめたん》※を一所懸命憶えて。古典もいろいろ読んだよ。『源氏物語』、全部は読まへんけど、須磨《すま》、明石《あかし》ぐらいまで読んで。あのころ、いわゆる英・数・国・漢で、数学少年かて受験の数学は別やからね。ちょっと趣味《しゅみ》的《てき》に受験問題をやったりする。そやけど、一番苦手なのは英語やから、赤尾ので必死になって憶えて。一番はじめの「abandon」しか憶えてへんけど。漢文もけっこう多かったから漢文をようけ読んだな。（※編集部注・赤尾好夫編／綿貫陽著『英語基本単語集』）

だいたい中学校三年、四年ぐらいにかけてそういうのいっぱいやるわけ。それで半年前に発表になって、英語なし。古文なし。漢文なし。数学と理科と、作文と、それから日本史。けったいな取り合わせだったけど。古文・漢文か英語かどっちかあると思ったのにな。

受験勉強は、教養として残ってはいないけど、あれでもないとああいうものにつきあえへんでしょう。これは遊びやけど、中学校三年ぐらいのときに、『里見八犬伝』を全巻読んだ。おもしろかったな。いまでも漢文や古文は苦手やけど、まあなんとか読みたくなれば無理してでも読もうかという気はある。読める能力があるというのとちょっとちがうけど。よかったと思うな。そういうのもなくて、はじめから数学と理科しか試験ないいうたら、やらないものね。『徒然草《つれづれぐさ》』読まんでしょう。だからそれでもええんやと思うのね。

この十年あまり、共通一次体制でむしろ安定しすぎている。関西の受験校の先生と座談会したことがあるけど、受験生の美学というのは夏休みが過ぎてからわあっとやって、そこそこのところへもぐりこむのがカッコいいという美学。美学やから、実際は別。実は夏休み前からやってるかもわからん。やっててもいいわけ。カッコとしては、やってへんでというような感じでいるというのが美学ね。カッコつけてるといえるかもしれんけど、ぼくはいいことやと思うのね。

このごろ、その美学は完全になくなったと高校の先生はいう。スケジュール化しちゃって。これをしないとだめ、高校三年間はこうするもんだ。三年生が完全なスケジュールで、これだけ努力したから、その結果こうなりますという感じになっちゃった。

そやけど、ほんまにそうせんならんかというのは実はぼくは疑問なのね。やったってかまへんけど、美学ぐらいは残しておいたってええと思う。試験制度というのは、いくらか不安定だったたってかまへんね。学校制度の安定というのをものすごく望むというのはおかしいと思うよ。

世間はチャンスゲーム

ふつうの人間には、改革に対する恐怖感というのは根強くあるからね。教育改革問題だって、国民が改革を求めている、教育はたいへんだたいへんだといってるけど、あれ、実は変えられると不安なんだね。現状維持《いじ》に対する思い入れはあるからね。だけど、「変わってもなんとかなるんちがう」という気分があると、やっぱりちがうんじゃないかな。変動期には、そのために身をあやまる可能性が一方にある。ばらつきが大きく出やすい。でもいまみたいに安定がいいことだというのはおかしいな。

これは、しかし非常にむずかしい問題。なぜ革新が、現在の制度を守るという意味で、保守化するかという問題で、あれは弱者の味方であろうとするのね。つまり変動期はやっぱり強者のほうが有利なの。強者って、表面的な権力じゃなくて、生き方についての強者。変動に強いやつというのは、結局、強者である。それで変動しないほうが、弱者はわりと安定しているわけ。そうすると、弱者の味方は、変動よりは安定を求めるという方向になってしまう。

しかし、ぼくはあんまりヒューマニストでないせいかもわからんけど、長期的には、変化を持ちこまないと変わらんのとちがうかという気もある。

つまり、チャンスゲームだから。強者が七割、弱者が三割程度にしかチャンスがなくても、それをほっといたら強者と弱者の位置は安定化し、弱者はいつまでも弱者のままにとどまる。変動のために被害《ひがい》をうける可能性があっても、その中でしか強者と弱者の位置の逆転は起こらないんじゃないか。そこらへんは何ともいえないんだけどね。

でも、弱者の保護が弱者の位置の固定化につながり、弱者の自立を抑《おさ》えるのは困るよね。弱者の自立というのは、弱者が強者の論理を獲得することなのだから。

第2話

先が見えないのは当たり前

女子に数学は向かないか

受験科目に数学のないほうが、女子学生がふえるという話がある。なんで、数学がそんなに嫌《きら》われなならんのやろ。

女の子は数学が苦手やというけど、それ、ぼくは信じられんわけ。なぜ信じられんかいうたら、戦争体験やけど、数学は軟弱《なんじゃく》というイメージがあるわけです。戦争中、数学やる人はものすごく多かった。だって、世の中は男性的でしょう。で、女性的なものを求める軟弱非国民はみんな数学に行く。

詩なんかやっていると、兵隊さんにとられるからね。異常な時代やけど、三高（第三高等学校。いまの京大教養部）の寮《りょう》で人気があるのは高木貞治《たかぎていじ》『解析概論《かいせきがいろん》』か吉屋信子《よしやのぶこ》『花物語』かという、妙《みょう》な取り合わせ。少女小説は人気があってね。それとぼくはつながってい る。

数学は、あんまり肉体労働を必要とせんし、戦後、女性に門戸開放されたころは、けっこう女性がたくさん来た。むしろこのごろへっている。いることはいるけど。なぜかというと、たぶん数学研究者なんていうのは、あのころは物好きでやる時代であったのが、男の仕事ふうになってきた。身を立て、世に名を上げという。競争がきつくなってね。そのへんから逆に女性が大学院にあまり行かなくなった。昔の「でもしか大学院」のころのほうが女性は多かった。

女の子は数学に弱いというのは、ぼくは伝説がいろいろ影響《えいきょう》していると思う。理科系は数学、文科系は語学という神話のできた理由は単純や。旧制高校の理科でいちばん落第しやすいのは数学で、文科でいちばん落第しやすいのは第二外国語だった。英語というよりはドイツ語かフランス語ね。文科は語学ができないと落第する。理科は数学ができないと

戦時中は“数学＝軟弱”のイメージ？

落第するというのが、「数学ができれば理科系、語学ができれば文科系」というふうになった。

たしかに、入学試験ということから考えたら、数学ができるほうは理科系には進学しやすく、外国語ができるほうは文科系に進学しやすいという、これは進学の事情ね。そういう理科系＝数学というのは、ぼくは伝説やと思う。あの伝説、いやらしい感じするけど。クロスオーバーするんです、どっちみち。

五、六年前、なぜ女の子は数学に弱いかという理屈《りくつ》つけた。どうも、女子高生を観察していると、多数の数学の苦手な女の子と、少数の数学の得意な女の子に分化する傾向《けいこう》がある。それで、かしこいくせに数学はだめという典型的な子は、ノートがものすごく美しく整っておって、中身が全然わかっていない。それの反対は、男の子によくあるタイプで、教師としてはかなわんのだけど、答案とか見てもほとんど汚《よご》れているとしか思えん。しかししゃあないと思って辛抱《しんぼう》して読むとわかっているという。このごろ女の子にもいますね、全体的にはへっているけど。男の子も女性化したからみんなきれいに書いてくれる。

小学校高学年ぐらいの先生に聞くと、ちょっとおもしろい子というのは、男っぽい女の子か女っぽい男の子だって。男らしい男とか、女らしい女というよりは、逆の価値が入っているほうがだいたいおもしろい。それはぼくは単純なことだと思うよ。男は男らしくしなさいという枠《わく》があって、男のくせにちょっと女っけを持っているというのは、その分だけ広がりがあるというだけの話。しかし全体としては、男は男らしくという抑圧《よくあつ》は、このごろどんどんへっているね。とくに京大あたりに来る子というのはほとんどお嬢《じょう》さんみたいな男の子が多い。

女は女らしくという抑圧もへりつつあるんだけど、おそらくまだあるんじゃないかな。それが、数学の場合に強く出ている可能性がある。

つまり、数学っていうのは、ほんとはそんなにきっちりしてどうこうするというもんではないでしょう。なんか、そのときの感じで、適当にせないかんわけ。理性と感性という使い古した言葉があるけど、数学は理性で、詩が感性なんてうそやものね。詩だって構成的にするためには理性的だし、数学だってその状況《じょうきょう》をどういうふうに感じとるかが大事に決まっとるわけ。

ところが、数学はきっちりしたものであるという思いこみと、女性はきっちりせんといかんというのが相乗効果になる。それで、高校ぐらいでずうずうしくなってきて、「まあ、こうしてもええし、こうしてもええか」とかいうふうな気分でないとできんところでぐあいが悪くなる。どうも、小学校のころに、算数というものはきっちりせんといかんという刷りこみがきついんとちがうかな。それで中・高・大とずっと上がっていくときに、そういう数学に対するとらえ方の変化がないと、女の子は女らしくしなさいという抑圧と重なって苦手になるということがあるんじゃないか。

でも、その状況というのはおそらく変わりつつある。そんなに数学は女の子に向かんということないと思うな。

男子は型にはまりがち？

このごろ、どうも女のほうが調子がいいのね。女の時代とか言われ出した前後に気づいたんやけど、書評で三十代ぐらいの、はじめて本を書く人のを見たりするでしょう。そうするとどうも女性のほうが感じええの。男というのは、ぼく自身も身に覚えなくはないいんやけど、無理するの。つっぱって、むずかしい言い回ししたがったり、それから引用で、カッコつけたり。他人と差をつけるために、なんかカッコつけたい。女のほうが、男にくらべたら、存在それ自体が差違《さい》みたいになってて、発想だけの勝負ですっとすんなりきて、わりと感じええということに気がついて。

三、四年前に気づいて、夏、数学教育の集会に行ったら、高校の先生が、高校生はいま女の子のほうが絶対ええという。自由の森学園なんか、いろいろ変わった入試やってるでしょう。ああいうことやってると、受験生は男の子が多いのに、男女差なしに評価すると、女の子がふえちゃう。バランスとるために困るらしい。

そういわれてから気がつくところが教育者としてだめなとこなんやけど、学生のレポートは男の子より女の子のほうがおもしろい。男の子はなんかやけに型にはまってる。型ばっかりであんまりおもしろくないのが多い。それを駒場《こまば》の友だちにいうたら、「駒場でもそうや」っていうから、少なくとも東大と京大では、学生のレポートは女の子のほうが、まあ感覚的やけど、いいという。

それに類したことで、高校生の文章表現コンクールというのの審査員《しんさいん》をしてんやけど、それに選ばれてくるのが、もうすでに女の子。圧倒的《あっとうてき》に。男の子は少ない。その男の子のもあんまりようない。文部省に関係してる人もいるんやけど、みんな意見一致《いっち》したのは、最後の三行でへんにまとめるくせがある。「ぼくはなんとかしようと思いました」とかいう、決意表明があってね。最後の三行がなければ、ええ文章やのになあ、と。「小論文の書き方」なんて指導されてるのかもしれんけど、あんなの、実際の小論文入試かて得ちゃうと思うけどね。

だいたい、こういうのはこう書くもんだっていう、枠の意識が男の子に強い。それで立てたのが、女性差別が女の時代をつくっているという仮説。フェミニストにいうたら叱《しか》られるかな思うて、上野千鶴子《うえのちづこ》にこわごわいうたら、「そうよ、そうよ」って。

そういうと、思いあたることがいろいろあって、だいたい二十代ぐらいの編集者が来たときに、例外はあるけど、女の子は概《がい》して有能。男の子は概して無能。どういうことかいうたら、ああいうのは、著者側からいうたら、やりとりなのよね。「何か書いてくれ」と、こう来るでしょう。「二十日しめきり、無理よ」というわけ。それで、「月末やったらなんとかなるかもしれん。それがだめやったら来月号にしてよ」とか、「二十枚はしんどいから十枚ぐらいにしてよ」とかね。それで向こうが「だったら十五枚どうですか」とくる。「まあ十二、三枚ならカッコつくか」と返す。そういうやりとりね。

そういうことに対応してくれるのはだいたい女の子なの。男の子は言葉づかいがものすごくていねいで、「その点に関しては企画《きかく》会議で決まっておりまして。一度、上司と相談いたしまして」。概して有能な女の子が、三十ぐらいで結婚《けっこん》して会社やめて、無能な男の子が管理職になるという構造がある。

それはある意味でいうたらもっともなんで、男の子は一生というか、あとあとまでいくというので、いわば会社の論理なのね。それがまったく悪いともいえへんわけ。ところが女の子のほうは、「いざとなったらやめる」と、そういう感じでしょう。もっと極端《きょくたん》なのはフリーの子でね。ライターが、荷物一式持って、カメラマン兼《か》ねて、ひとりで来るのいるよ。それがインタビューしてまとめて。全部そうよ、いま。それ、上は朝日新聞とかNHKとか、講談社とか、大きな会社。つまり、たとえば連載《れんさい》のなんとかインタビューをプロダクションあるいは個人が請《う》け負《お》ってるわけ。

フリーの仕事というのはやっぱりきついのね。しかし、二十代の子に聞いたら、「たしかにきついし、将来性はあてにならない。けど、いまはおもしろいし、二十代いっぱいはせいいっぱい輝《かがや》いて、それで三十ぐらいになってくたびれたらトンマな男をひっかけて、三食昼寝《ひるね》つきで……」。なんかそういう感じ。

男子のプレッシャー

某《ぼう》出版社の文学全集の話。実際の交渉《こうしょう》したのはプロダクションの三人ぐらいのおばちゃんのグループ。相手はうるさい文士ども。ところがたまに本社と直接交渉になるんだって。そうすると、本社はまた、いままで全部下請けに出してたから、下請けに注文するセンスでやって、文士とケンカばっかりしている。「しめきりは何日と申し上げたはずでございます」って。全然つきあいができへん。

下請け体制がどんどん強まってることで、本社機構はどんどん官僚化《かんりょうか》してる。しかしそれで、自前でやらないところはつぶれなかったんやね、みんな。それで筑摩《ちくま》とか平凡社《へいぼんしゃ》とか、自前のところはしんどい。大きなところは全部下請けに出してるでしょう。そのプロダクションとか下請けで働いてるのは女性がけっこう多くて。久米宏《くめひろし》がいってたけど、彼《かれ》が社員だったころのテレビ局いうたら、夕方放送があって、それからマージャンして飲んで帰ってきて、また社で議論して夜明けまでという、そういう雰囲気《ふんいき》やったんやて。いまは勤務時間終わったら閑散《かんさん》たるもんですよ。会社的にどんどんなっていくわけね。夜中、わあわあやっているところは、プロダクションとかマイナーなところ。

放送作家というのは、圧倒的に女の世界でしょう。あれはかなりハードな仕事。スポンサーの関係で、ここの自動車事故を電車の事故にしてくれとかね。それで役者はけっこう無理難題いうし、期日は決まってるし。そういう世界でしょう。それがどんどこ女性の仕事になっていった。たしかにある意味でいうたら、男性社会の中でよぶんなものを女に押《お》しつけてきたという構造ではある。だけど、それは実はよぶんなものじゃなくて、逆に実質的な部分が外に流れ出して、よぶんでなかった部分というのが純化されて管理だけになってしまった。

その結果、いまの男の子、やっぱり暗いのよ。学生の話ね。「せめて男の子のことやからいい学校を出して、いい会社へ入れて、ガキやかみさんを一生ささえんと」というふうな、仮に親がそうでなくても社会全体としてそういうプレッシャーがある。抑圧がものすごく強いわけね。女の子のほうは、女性差別のおかげで「まあ、女の子のことやし、だめでもともと、かしこければラッキー」と、こう来るからね。それはやっぱりプレッシャー少ない。それでどうも、男の子のほうはどういう型であるべきかというふうな刷りこみが強い。これは個人の責任というより社会全体がそう。その分だけ女の子のほうはラクという感じ。

それから男の子と女の子をくらべると、女の子のほうが変化が多いという説もある。たとえば、まず高校出たところで進学するか就職するか、進学するなら二年制にするか四年制にするか。それで大学出たら、就職するかどうか。就職するにしてもせんにしても、結婚するかどうか。結婚して仕事やめるかどうか、子ども産むかどうか、子ども産んだときにどうするかと、選択肢《せんたくし》が多いわけ。男の子のほうが生活が単調なんよ。もう決められてる中でツ、ツ、ツッと進んでいく。これは男性社会やからそうなってるんやけど、逆にそのことが男にとってマイナスになってる可能性があるね。

自由な働きかたを求めて

よく女性差別の問題になってるのは、会社に入ってから、女の子はちょっと役に立つかと思ったところで結婚して会社をやめてしまうという。あれしかし、このごろちょっと逆に出てる。

男でも、三十代ぐらいで会社やめることを考えてる人は圧倒的に多いという話がある。四十ぐらいでやめる人がいるわけ。会社というものが、一生を拘束《こうそく》するものでなくなりつつあるのね。

最近、おそろしい現象が生まれてね、青田刈《あおたが》りどころか、学生が二年生ぐらいでスカウトされる例がある。ソフトのプロダクションなんかやってる人いるでしょう。「おまえさん京大の情報工学でアホなことやるな、もういっちょまえにやっていけるし」でそのまま抜《ぬ》かれてしまう。ライターもあるらしいよ。「べつに東大の仏文出んでもええやないか」と。そのかわり学歴はゼロだし、フリーだから仕事が悪ければだめ。そのことを、しかし大手の人事が気にしてるという話。まあ昔にくらべたらフリーでも食えるからね、食うだけは。

それからもうちょっとずるい手は、出版社とか建築会社、あるいはコンピューターでもいいけど、大手につとめておいて、そこでノウハウをいろいろ憶《おぼ》えて、四十ぐらいで独立してやるという。あの手、多いね。ただ、このごろそれがあんまり効かなくなっている。

大手へ行っても、分業化が進行してるから、仕事があんまりわからないという。まあ、そこらへんがむずかしい。

フリーというのは、やっぱりしんどいね。フリーのプログラマー知ってるけど、あんなん学歴全然いらんの。要するにコンピューターソフトがつくれればいい。ところがフリーは、「包丁一本さらしに巻いて」で、行く先々で機種はちがうわ、使っている言語はちがうわ。だから中華《ちゅうか》料理の下働きも、日本料理の下働きも、何でもいわれたことをせんならんからきついよね。

ところがそれをやると、かなり視野が広がるでしょう。それで二十五ぐらいになると、あの人はだいたいこういうプログラムが得意やとか、そういう得意芸が業界で知れわたって、わりと決まった仕事で暮《く》らせる。しかしそれは三十までで、三十すぎると、自分でプロダクションつくって、若い衆を使いながらやる。三十五ぐらいになると、ソフト会社をつくって社長におさまって、メルセデスベンツ。そうなればいいな、と。

しかし、四十ぐらいで会社やめて、フリーになるのも、けっこう決断やと思うけどね。日本の場合には、年とると管理職にならざるをえないというところがあるでしょう。企業の研究所なんか、それつらいわけ。かなり優遇《ゆうぐう》される年とった研究員という、フリーの立場がないでしょう。かならず役職のラインの責任取らされる。

大学はその点ええのよ。運悪く部長になったたって任期制だから二年たてばヒラにもどるでしょう。あれわりとええ制度なのよ。またヒラにもどるからあんまり無茶できへんし、ヒラの中に元部長経験者というのがいるしね。ところがふつう、それあんまりできへんからね。管理のほうに進むのいややと、まあ独立せなしゃあない。ところが独立するとコケる危険も大きい。会社の中にいながらフリーでいるという体制がないという問題があるのね。

しかしこのごろおもしろいことが起こってる。会社のほうでも気のきいた経営者なんて、四十ぐらいで飛び出すぐらいの気持ちでいるやつのほうがええ仕事しよるって。飛び出してもええのやと。なんか年寄りあまってるし。

だけどええやつが飛び出しよる。で、いてもかならずしも管理に向かんわけでね。つまり、四十前のあいだ輝いてくれたほうが会社の役に立つんやと。一生会社のためにロイヤリティ、忠誠をつくすというようなことはどうでもええ。十年なら十年、二十年なら二十年輝いてくれるというほうが役に立つんやというのが出てきはじめてる。

だからさっきの、二十代の編集者なんて明らかにそうで、三十でやめるからこそ有能というような感じがある。フリーと気持ちが近いわけ。しかし、そういうのがいないと、本社のほうがどんどん管理化が進行して、実質的に情報生産が空洞化《くうどうか》して、事務機構になってしまう。情報生産の部分が流出して全部フリーになったんじゃ、会社自身はだめなわけで、それを中に組みこんどかんといかんからね。その意味ではいままでの、女の子はとちゅうでやめたりするというのが、当節向きになってる可能性がある。やめてもええんやと。

それで会社が活力持ってれば。

人生を二十年単位で考えれば

世の中の流れはたしかにどんどんかわってる。こないだ、人生二十年説というのをとなえてね。だいたい体の細胞《さいぼう》とかはかわってるでしょう。頭の配線も、たぶん二十年たったらかわってるよ。思い出というのは自分のつくった物語で、いかようにもその時代時代で美化するもんやから、魂《たましい》などというものが一貫《いっかん》してるなんて思うのは観念論や。

で、二十年説というのをとなえたんです。二十年前とおれはちがうんやと思うという。そうすると、八十まででも四回生きられるわけね。

よく子どもの輝きがないとかなんとかいうことというでしょう。子どもは子どもらしさが輝いてとか、ああいう、ヒューマニズムみたいなの、なんとなく歯が浮《う》くし、好きやないねんけどね。あれ、輝かないのがあたりまえやと思う。第二の人生、二十から四十までとすると、社会人になってどうなるかというので、みんな二十歳《はたち》までが規定されているでしょう。次の人生のためにいまの人生が抑圧されてるという構図がある。

Go
10 years
20 years
START
1
2
3
4
15年
10年
5年
20年
10年目
20年目
One more?
START??
20年×4回?

20年単位の人生

昔は子どもなんていうのは、もう別世界やったわけよ。べつに子どもらしさがあったわけじゃない。子どもはいつでも大人になろうとしたり、大人のまねをしたり、大人の世界にもぐりこもうとしたり。しかしまあ、子どものあいだは、という感じがあったでしょう。そういう種類の発想が、とくに学校社会でものすごくなくなってる。昔かて、いうことはいいましたよ。ちゃんと勉強してないと、大人になってからだめになるとか。まあそやけど、ひとつにはぼくは戦争中やったから、ほんまに二十年しかないと思うたけど。だからいま輝くよりしゃあないがな、という。いまは「いま」という発想がないね。

このあいだ、中学生が「おとうちゃんもおかあちゃんも連立方程式なんか解いてるとこ見たことないのに、なんでおれ、解かんならんねん」て、文句いってた。そらそや、おとうちゃんやおかあちゃんになったら解けへんから、いまのうちに解いとかなあかんて。

そやけどそういう発想は、スポーツとか音楽には残っている。大人になってから、中年サッカーとか中年ラグビーやったってええし、中年でギター弾《ひ》いたってかまへんけど、いまのところそういうのは例外で少ない。それで若いあいだにギター弾いたりサッカーしたりする。結婚したらヌカミソ臭《くそ》うなるけど、女学校のあいだは文学少女とか。そういうのはわりと自然なことだと思う。ところが大人になって役に立たんことはやったらあかんというのはへんでしょう。

社会人という論理が、計画と生産の論理であることはしょうがない。二十から六十までを社会人期とすると、プレ社会人としての二十歳までというのは、計画と生産の論理から除外されている。それはある程度、まあ、なんか好きにしてたらええ。とくに男の子なんていうのは、まあ、しゃあないというふうな感じやったけど、このごろは男の子のほうがひどい。というのは、男の子のほうがより社会人としての未来によって抑圧されている。社会人期、前期と後期とに分けると、四十ぐらいにそこのさかい目があって、ひとくぎりが、だいたい二十年ぐらい。そのへんで独立したり転職するのもいたり、いろいろあるという。それで六十から、ポスト社会人期——ぼくはその第四の人生なんやけど、第四の人生が壮年《そうねん》の論理に侵略《しんりゃく》されているいうてんねん。

このごろしょうもないことというでしょう。老人に働きがいをとか、社会的な何とかをとか。年寄りぐらいはほっといてほしい。年取るのも芸のうちという話があるけど、あれはほんまにそうやと思うの。いかにも風格のあるじいさんってあるでしょう。たとえばお宮さんなんかに行って、古い木があってね、ボロボロで、そばへ寄ってよく見たら、なんやら虫喰《く》うてて、中からムカデが出てきたり、うっかりするとヘビがおったりしてあんまりそばに寄るもんでもないんだけど、しかしそのへんに行くと、なんか、ああ、時間というものは流れとるなとかいうて、なんとなく気分が安らぐでしょう。

存在それじたいがなんとなく意味があるというのが、年寄りの芸やと思うのね。役に立たんでええのよ、年寄りなんて。すぐに社会人としての生きがいをなんて、よけいなこというなと。あのために、なんや知らんけど、プレッシャーがかかるで。何か社会に貢献《こうけん》せんととかね。あれやっぱり強迫症《きょうはくしょう》の世界ね。

だから、まあ、二十年ずつぐらいで考えたほうがええのとちゃうという感じ。このごろの学生さん、とくに男の子のひどさはね、保険会社みたいに、老後のことまで考えてるわけ。二十歳のくせに。彼らを見ていると、さしあたりは二十から四十までの第二の人生でしょう。二十年後の、四十から先の人生なんてわからへんわけ。少なくとも二十歳の段階では。ところがその虚構《きょこう》の第三の人生のために、第二の人生をしばっているという感じがあるね。それで男の子は暗い。女の子のほうは、その点やっぱり変化がある。そんなに未来が予測つかないから。

親別れ・子別れ

ひところ思春期と思秋期という話があった。さっきの第二の人生と第三の人生のさかい目の四十前後ね、あれは第二の自立やという話。第二の自立とはどういうことかいうたら、ガキを手放す時期でしょう。それで、なんか腹を痛めた子というのは、一心同体という、神話があるわな。男は腹痛めへんからわからへんけど。

男かてそのうち子ども産むかもわからんけどね。動物実験では産めるのよ。試験管ベイビーを横隔膜《おうかくまく》に着床《ちゃくしょう》させて、帝王《ていおう》切開で出すという。そやけど、たぶんそれはホルモンの関係で、つわりがものすごくきついんじゃないかって。だからあんまり産みたくない。

まあ、しかしいまのところ母と子の一心同体感覚があって、神話があって。ところがそれはどう考えても赤の他人ね。親離《おやばな》れ、子離れ、それがいまいちばん大きな問題になっているでしょう。とくにこのごろ、昔とちがって、子どもの時代が大人の時代とつながってるから、外に出て行くという感じしかないわけね。親別れ、子別れ。

この間ごろ話題になってたけど、親がいろいろ男をつくって、子どもをぼこぼこ産んで、ほっといて、その子どもが十いくつで妹を殺したとかいう事件。あれ、とてもひどいことみたいにいう人がいる。ところが、考えてみたら、十いくつでしょう。戦災孤児《こじ》なんてみんな——それで死ぬこともあるよ。だけど生きてる子がけっこういるわけね。野坂昭如《のさかあきゆき》の『火垂《ほた》るの墓』じゃないけど、うっかりすると妹殺したり、殺すんじゃなくても、死なしてしまうということもありうる。そういうのはしかし、地球上ではふつうのことやと思う。こんなに親が子を捨てず、子が親を捨てずというほうが、むしろ特殊《とくしゅ》な現象だと思う。ずっと、ひとつながりになってるというほうが。

民話や神話で、親殺し、子殺しの話があるでしょう。意識のうちでは親殺し、子殺しというのをやって、現実には親捨て、子捨てが行われる。子に捨てられても親は生き、親に捨てられても子が生きるというほうが原則でね。現実はともかくとして、親捨て、子捨てをけしからんというふうにいうのは、ぼくはよくないと思う。抑圧になると思う。想像力で、親捨て、子捨てをおぎなったほうがいいんとちがうか。「時には自分の母親を、絵本から抜け出してきた魔女《まじょ》のように思い、時にはわが子を遠くから来た座敷《ざしき》ボッコのように思え」と。

母子の一体感と、個人としてのちがいというもののバランスがいると思う。それがいまの時代では母と子イデオロギーが強いから、たまに親捨てや子捨てが現実に起こるときつい体験になるわけね。ぼくは腹を痛めたからじゃなくて、母と子イデオロギーからの脱《だつ》出《しゅつ》のためにきついんだと思う。

女の自立というのは、家庭から離れて社会へ出ていくことだとかいうふうな感じでとらえるけれど、ぼくは捨てることのほうが意味があるような気がして。つまり、女の第二の自立は、家庭からの自立だと思う。ほんとに家庭から出ていくというんじゃない。価値の中心が家庭で、とくに日本の場合は亭主《ていしゅ》より子どもやから、ガキが自分の価値の中心を占《し》めていたのが、結局子どもが出ていくもんやから、自分ひとりで生きなしゃあないという。

人生のレールはどこに向かうかわからない

さきほどの文章表現コンクールのほかに、放送コンクールというのの審査《しんさ》をしたこともある。五分ぐらいのラジオドラマとかね。あれもへんなもんなの。たぶん彼らや彼女《かのじょ》らは──彼女らのほうが多いんだけど──読んでいるものは少女マンガとか、赤川次郎《あかがわじろう》とか新《あら》井素子《いもとこ》とか、ラジオでいうと深夜放送を聴《き》いたりね。そういう若者文化だって、中年の仕《し》掛《か》け人がやっているということは事実やけど、やっぱり若者向けにやっていて、完全に中年が若者を踊《おど》らせているというものでもなし、少なくとも彼らの文化やね。こっちは、オジンにオバンだから、「このごろの若い子のセンスちゅうのは、もう、ようついていかんわ」というふうになりたいわけ。つまり、びっくりしたいわけ。

たまにはそういうのもあるね。へえーと思って。できは未熟でも、センスが非常に新しいという感じのがいい。ところが、たいていは学校文化そのもの。高校の放送部とか、文芸部の先生むけにつくったというふうなのが圧倒的に多い。とくに男の子のもの。女の子のほうがまだしもその枠からちょっと解放されているの。いまの男の高校生なんて、ものすごく抑圧されてる。

たとえば、五分ぐらいのラジオドラマで、ええ学校に入れた、バンザイ。ええ会社に入れた、バンザイ。ガタゴト、ガタゴト、一生のレールは決まった。そのうちにだんだんねむくなって、それでぱっと止まると、広い野原があって、白い花が咲《さ》いていた。どっからともなく少女が現れて、いっしょにダンスを踊って、それではたと気がつくと、それは夢であった。あいかわらず列車は、ガタゴト、ガタゴトと単調な音を立てていたという。この陳腐《ちんぷ》さはひどいと思うね。これはもう、だいたい目に見えるみたいだけど、学校の先生、これ喜ぶの。「社会への批判を失っていない」とか、「自由への憧《あこが》れを持っている」とかね。アホか、ちゅうような感じ。

これ二点で、明らかに非現実的。四十ぐらいで、さっきみたいにやめる人もいるでしょう。それから会社じたいが変わっている。

こないだ、製鉄会社のサークルに顔だしたわけ。十人あまり、みんな四十ぐらいの中堅《ちゅうけん》管理職になりかけぐらいの鉄の男ね。それで、いま何しているのってきいたら、あんまり鉄やっとられへん。「バイオテクノロジーのほうをやっています」「土地開発やっています」「情報産業のほうを」。なんで製鉄会社がっていうくらい、ものすごく多角化している。製紙会社へ行ったら、スモークサーモン作ってたりするしね。

それから、子会社へ出向というのがエリートの道になっている会社もある。若いうちに子会社に行っちゃって、そこにいついて、そのまま上へ上がるのもいるし、そこで腕《うで》を見せて本社へ帰ってくるのもいる。本社にずっといるなんていうのは、窓ぎわ候補生という会社が出ているわけ。

だから一生のレールというのは、実はうそで、四十ぐらいのときに乗りかえしたり、線路が鉄のところがキュウリの上だったりするわけやね。どこへ行くやわからんわけ。それからそこで乗りかえるやつやら、途中《とちゅう》下車して、野原のほうへ行くやつもいっぱいいるわけね。

一方、自由の女神《めがみ》の少女の出てくるほうだってね、女房《にょうぼう》の着物を質に入れて原稿《げんこう》用紙買《こ》うたり絵具買うなんていうのは大正ロマンチシズムやないの。当節のフリー業というのは逆に情報資本主義どまん中ちゅう感じする。コピーライターだってイラストレーターだっ

人生は一本のレール、のウソ

て、いかに売りこむか。自由ではあるけれども、自由であるかわりにむしろより多面的になっているのね。だから少女が出てくる世界とちがうんや、フリーという世界は。だから一生の道というのも、少女の世界というのも、両方うそであるわけ。自由人神話と会社人神話を単にくっつけて、あこがれめいたもんでつくるというのは、やっぱりこれは陳腐だね。こういうのは学校ドラマよ。先生にはうけるでしょうけど。

いまを生きる

ぼくはある意味で楽天的なんやけど。将来なんてどうでもええんやと。将来ええ人間になるためにやるから輝かへん。子どもっぽさ、ガキっぽさというのを捨てて大人になるというのはうそで、精神的にいくらかガキをひきずっていることでけっこうおもしろい大人になるわけでね。

やっぱり基本的には、いま輝くことがだいじでね、つまり、たとえば第二の人生でも、せいいっぱい輝いたほうが、第三の人生をはじめるときに輝きやすいんちがうか。「第二の人生のためや」いうて第一の人生が輝いてないと、第二の人生は実は輝かなかったりするんちがうか。だから、さしあたりいまを輝かすことに専念したほうがいい。しかも、全部別個の人生やと思えば気楽やないの。世の中は、そっちの方向にたぶん動いている。

朝日なんかの新聞記者としゃべってたら、外国人記者からおたくはどこの新聞にいましたかときかれて、朝日だけというとものすごく肩身《かたみ》がせまいといっていた。アメリカはいちばんそういう傾向があるけど、有能な記者はたいていいくつもわたり歩いているわけ、引き抜かれて。これから日本でも、もうちょっと多くなると思う。

ただ、この話すると、わが身にはね返ることであって、ぼくは京大に三十年間もいついてしもうたしね。

同じ場所でも仕事は変わる

ぼくの体験からいうと、だいたい若いときは、研究して金をもろてる気になっているの。ぼくの場合、三十五ぐらいではたと気がついたんだけど、これは研究で金もろてるのとちがう、学生を教えて金もろとるんやというふうになるわけ。とくに助教授※になると、だんだんわかってくる。それで、そのうちに教授になるでしょう。すると、要するにおれは、やとわれとるんやと。つまり京都大学なら京都大学という組織をささえていることがわかる。大学で仕事をしていると、これもアメリカなんかとちがって、日本の場合、専門の行政職はいないでしょう。だから年とると行政がふえてくる。個人差はあるけど。研究↓教育↓行政と、だんだんそういうふうになっていくわけね。（※編集部注・今の准教授を指す）

これは不思議な構造でして、業績は研究で評価するわけ。それで、表面的な権力は行政。実質的な権力は教育なの、実は。学界権力というのは弟子《でし》をたくさんつくること。個人の研究者としてえらいかどうかじゃないのね。

この前、生協のやつがインタビューに来て、「先生、近ごろのご研究は」とかいうから、「おまえ、何をぬかす。大学にいてそんなことを四十以上の人にきいたら失礼にあたることがわからんのか」いうて。「おれの研究は……」て言いとうてしゃあないというのは二十代、三十代。四十代すぎたら、だいたい屈折がある。研究でお金もろてるわけじゃないという感じがあるのね。それで、助手というのは、いわば研究だけの時代。ぼくも助手のときにクビになりかけて、職探した経験からいうと、あれはまだ正規の職員でない感じなの。そのかわり責任がない。学生をあまり持たへんし。個人の研究職みたいな感じするね。助教授になると、義務がたくさんついてきてね、学生に責任を持たされる。それで組織の中に入っちゃう。ところが助教授の場合にはまだ主として教育だけですんでるけど、教授になると大学の行政が入ってくる。よく外国の学者なんかが助手に会いに来て、教授の名前知らんなんていうことはあっても不思議ないわけ。研究と権力は別なわけね。

いろいろ調べたんやけど、東大の物理の助手は——数学もかな——助教授になれないのよ。専門によるやろうけど、物理なんかはそうです。だから東大の助手から京大の助教授とか、京大の助手から東大の助教授というのは、いちばんのエリートコースなんです。

もっとおかしいのは、名古屋大学でね、昇進《しょうしん》は一回きりなの、あそこは。助手から採ると助教授にはなれるけど、教授になれない。助教授から採ると教授になれるわけ。つまりずっと上がるのを避《さ》ける。だから世間一般のような、ずっと昇進というイメージとはちがう。

研究者の生きる道

ただ、いまのは制度的な問題やけど、いちばんこたえるのは、研究生活の問題で、だいたい二十年ぐらいすると、いいアイディアは出つくすの。ひとつのことをしていて、二十年たつと、もう行きづまるのとちがうかな。

仮に三十代でいい仕事するとして、四十代以降いかに生きるか。ひとつはリーダーコース。つまり若者がいろいろ木を育て花を咲かせるのを見てまわって、その学界の頂点に立つ。弟子がたくさんいる。ひとつの専門で、まあ五十とか、多くて百ぐらいのグループだけど、百人にひとりぐらいはそういうやつが出てくる。ところがその百人にひとりおればいいわけ。サブリーダーまで入れたって、せいぜい数人。あとはどうするかということ。あとはどうするかというと、もう何もせんでもいいんです。そのままで食えますから。

よくあるタイプは、三十代で仕事をした、育てた木を、植木鉢《うえきばち》に植えましして、水を毎日やる。そうすると残りの小さい花が咲く。盆栽《ぼんさい》を楽しむというスタイル。これは圧倒的に多いタイプです。

　それからいちばんえらいタイプ。これは、ごく少数。分野を変えるんです。隣《となり》の分野へ行く、あるいはちょっと離れた分野に行く。とことん変えんでもいいけど。たとえば数学をやっていて、今度は数理生物学をやるとか。数学の中でも代数をやったのが、今度は解析をやるとかね。あるいは人文系でもいいですよ。心理学をやっていたのを社会学をやるとか。そういう人いるよね。それをやるとまた新しい花が咲く可能性がある。

　ぼくはどうも、二十年というのが相場ちがうかという気がしている。これ、数学や物理だけかと思って、文学部系の同僚にきいたわけ。そうしたら実は同じやいうわけ。人文社会のほうは、まとめるときの手続きがうるさいんやと。二十から四十までやった仕事をね、なんか立派な本にまとめてカッコつけるのに十年ぐらいかかったりするから年食うんやというわけ。で、五十いくつになって、ライフワークを出したとかいうけど、あれ、実は二十から四十でするんだと。京大でいちばん伝統ある中国学。これぐらいは年季がものをいうやろういうて、そこのやつにいうたら、それはそやけど、年季というのは若者にいばるためで、やっぱりアイディアは二十年やねえとかいう。だから、京大中国学がそのぐらい

えらい研究者

やったら、ほかのは全部そうやろうと思う。べつに数学みたいにチャラチャラしたもんじゃなくてもそうや。

いま名前変わったけど、日本には彌永賞《いやなが》というのがあって、それから国際的には有名なフィールズ賞というのがあるでしょう。あれ、数学のノーベル賞とかいうけど、ノーベル賞とはものすごく大きなちがいがあってね。ぼくはフィールズ賞のほうがええと思うけど、あれ、年齢《ねんれい》制限がある。四十歳まで。二十代でもらうやつもいましてね。ともかく四十すぎてからいい仕事してももらえないし、三十代のいい仕事が四十すぎてから認められてももらえない。ちょっとはずれがあるところがイキなところでね。彌永賞も同じように、四十までなんです。つまり本来の芥川賞《あくたがわ》みたいなもんでしょう。若手を育てるためので、功労のためではない。

ただそのコンセプトが、彌永賞とフィールズ賞ではちがうらしい。彌永賞の場合、将来その分野のリーダーになる人というふくみがあるという説がある。つまり、その分野にとどまる人というふうな。ところが三十代でフィールズ賞をもらうほどの世界的な仕事をした人が、四十代でまだその分野にいるとバカにされるらしい。見ていると、かならず四十代になるとほかの分野に動こうとしますよ。広中平祐《ひろなかへいすけ》はけっこうあせっとったからね、それで。

ただ、日本の場合は、盆栽で食うほうが絶対安定しているわけ。アメリカはそのへん冷たい社会でね。「あの人、あれでも三十年ぐらい前はえらい人やったんよ、今はボケたね」いうてばかにされる。日本はわりと昔の仕事を大事にするからね。しかしこれもだんだん変わる可能性ある。

それから、日本の場合は、新しいところに行くとイビられるの。まあ、年取っているからイビられはせんけど、ものすごくいやがられる。この道二十年の人がいっぱいいるのに、へんなやつが入ってきて、社会の平和を乱すと。これ、しかし変わると思うけどね。この道ひとすじ、もうだめよ。

過去は白紙に？

十年、二十年まで行かなくても、五年間ぐらいパッと変わったことをするのがもっと自由にできればいいけどね。

実験なんかでも冒険《ぼうけん》は日本のほうがしにくいらしいね。実験屋さんというのは、実際に実験するのは一年で、それをやるために五年かかったりするのね。いろいろ実験器具を工《く》夫《ふう》して、そろえたり、それを用意したり計画立てたり。実際に動かすのは一年。ところが五年かかる実験というのは、失敗しても失敗したということが論文にはなるけど、あんまり評価されないから、五年はつらい。三年間ぐらいで結果が出る実験じゃないとやりにくいって。その点は、アメリカやヨーロッパのやつのほうが、五年してだめでもともというような感じのことをわりとやる。

原爆《げんばく》を作ったマンハッタン計画というの、あれについていろいろ調べたことがある。恐《おそ》ろしいなと思ったのは、ある意味で軍事研究が、あるいは企業研究が、アメリカのアカデミズムをものすごく健康にしているのね。

それはどういうことかというと、ふつうのアカデミズムというのは、全部仕事を論文にして、業績としてそれを確認《かくにん》し、それを積みあげていって権威《けんい》がだんだんできてくる体制でしょう。ところがマンハッタン計画の話を聞くと逆なのね。典型的には、ファインマンみたいなやつがいるけど、大学院ぐらいでわけのわからんけったいなやつをスカウトしてくるわけですよ。新しいことやから、過去の業績の総和にならない。フェルミとか何とかえらいさんはいるんだけど、それは全部匿名《とくめい》で来るわけ。だからその研究に参加していること自身が秘密。いまでも名前出したがってない可能性もある。

つまり研究参加自身が匿名性をもっている。研究成果は全部軍事機密で収奪《しゅうだつ》されちゃう。だからアカデミズム体制からの隔離病棟《かくりびょうとう》みたいな性格をもっている。それはいくらかきつくて、制度的には三年間、履歴《りれき》にブランクができるから、そんなのこたえないというやつでないといかんのだけど。かのファインマンですら、マンハッタンからシャバに出たとき立ちくらみしたというからね。だからまったく異質な世界。でも、三年なり五年なり、そういう世界で隔離されているというのはいいんじゃないかな。世の中、それでいろいろ変わってきているし。

このごろ、論文業績を積んでいくペーパーアカデミズムが、こわれつつある徴候《ちょうこう》もある。まず、ふつうだとアカデミズムが権威ある雑誌を出して、そこで権威あるレフェリーがいて、そこへのせたことがその人の業績になる。ところがそんなことしていたら三年も四年もかかって、アホくさい。それで間にあわんわけ。実際プレプリントという原稿のコピーが個人的なネットワークを通じて世界じゅうに出回る。それがさらにコンピューターネットワークにどんどん流れる。それからオーラルな部分でけっこう流れる。電話とか、それからシンポジウムなんかで人が行き来することによって。人間がオリジナルで、論文はハードコピー。ペーパーアカデミズムの世界に、シンポジウムアカデミズムが入りこんでいる。

最近あったおもしろい話は、アメリカの若いやつで、数学基礎《きそ》論の分野で賞をもらったんだけど、実は論文を出していないというのね。もう評判になって、あっちこっちのシンポジウムで引っぱりだこで、賞をもらっちゃったけど、まだ論文書いてないという。

情報化社会というのは、過去の情報がどんどんデータベースに堆積《たいせき》されていくんだけど、その結果、逆説的なことには、現在の輝きだけで評価されるようになる。もう、過去のことなんて、どうだっていいんですよ。

第3話

自分らしく生きるとは？

特技は何か

これだけいろんな人間がいるんやから、みんなが同じ生き方をしたらおもしろくない。それぞれに自分流の生き方をみつけていくよりしょうがないし。とにかく、ぼくの生き方はぼくの生き方で、みんながそんなんやったら気色悪い。

ぼくは、司馬《しば》遼太郎《りょうたろう》風の表現をすると、「少年のような正義心」というか、ひと突《つ》きにわあーっというというのは、小学生ぐらいのときはけっこうあった。それが、中学生ぐらいで、いろいろいじめられたりしてるうちに、だんだん悪者になりまして、「若者のような正義心」というのを持った記憶《きおく》はあんまりない。どっちかといえば分裂症《ぶんれつしょう》ぎみで、弱虫。

で、特技は何かというと、わりとバランス感覚がいいらしい。ひと突きで相手をたたきふせるというのは、だいたい好みでないし、いろいろ起こったほうがおもしろいしね。ぼくは、敵を殲滅《せんめつ》するという思想はないの、基本的に。なるべく敵を残して、使ったほうが得だという。

ヤブガラシというのは、名前からして森に害をもたらすみたいでしょう。だから、ないほうがええのかというと、あれとっちゃうと、森が死ぬんだってね。森のさかい目にツタがあって、それで風通しやら、日当たりをほどほどにする役割をしてる。刈《か》っちゃうと、風がビュウビュウ通って、森が死んじゃう。ああいうジャマものみたいなものは、ちゃんとそれなりの役割をはたしてるわけ。共生といえば流行語やけど、反対しあっているようなものでも、もたれあって生きとるわけでしょう。敵というのは、ぼくには利用すべき対象であって、なくしたらいかん。しかしそれで、こっちがあんまりいじめられたらかなわんから、適当にせんといかんのやけど。ねえ。

若いころは、友だちとワーワー議論しあったりするでしょう。ぼくは実はものすごく議論に強いの。ぼくの得意技というのはね、皮を切らして皮を切り、肉を切らして肉を切り、骨を切らして骨を切るという、サバイバルゲーム方式。つまり、ものを考える、安定した基盤《きばん》があるでしょう。自分のと相手のと両方ぱっと切っちゃうわけ。両方切ると、その足場がなくなって、その次の足場へ行くでしょう。またそこで切るわけ。それで、向こうが先に錯乱《さくらん》したら勝ちなわけ。結局、バランス感覚の勝負やねんけど。それがぼくのいざという時の論争術。必殺。

しかしそれは、正面から切るより、負けた時に相手の傷が深くなる。つまり、相手を自滅させるのをはかる戦術やから。だからよくよくでないかぎりしないことにした。ぼくからいえば相手だけ傷つけてるんじゃなくて、自分も同じ分だけ傷ついてやってるんだけど。つまり、いままでの、ものを考える基盤がゆらぐわけでしょう。そのゆらぐ体験がどれだけあるかによるから。

ぼくは、さっきの生き方の技術からいって、もともとゆるがす方式やからね。分裂症型というのはそうなんで。ぼくたぶん自覚してるから分裂症にならへんのやと思うけど。ある考え持つと、かならずその反対側の考えを持つようにしてるわけ。自己は空虚《くうきょ》でいいというう、やじろべえ理論。

やじろべえというのは、外側に重みがあるわけでしょう。それで、左右両方の重さがあってると、まん中が空虚でも重心が安定する。これひとすじというのは、いわば細い支点に立ってるようなもんやから、安定度が悪い。よっぽど深く重りを下ろしてるか、杭《くい》が深いか、かなり強固でないと。それよりは、ぱーっと散らばってるほうが安定度がいいに決まってる。これは単なる、生活の知恵《ちえ》。

孤独なのもちょっといい

よく学生なんかが討論しているのを聞いていると、何かいいたくてしょうがない人がいる。自分が人に伝えたいことがあって、それをいうのが言論だという気分があるのね。ぼくはわりとそういう気分なくてね——これも競争心と関係あるのかもしれないけど。そうじゃなくて、この場でもっぱら芸能をもりたてるようなネタがあればいい。「何かいいた

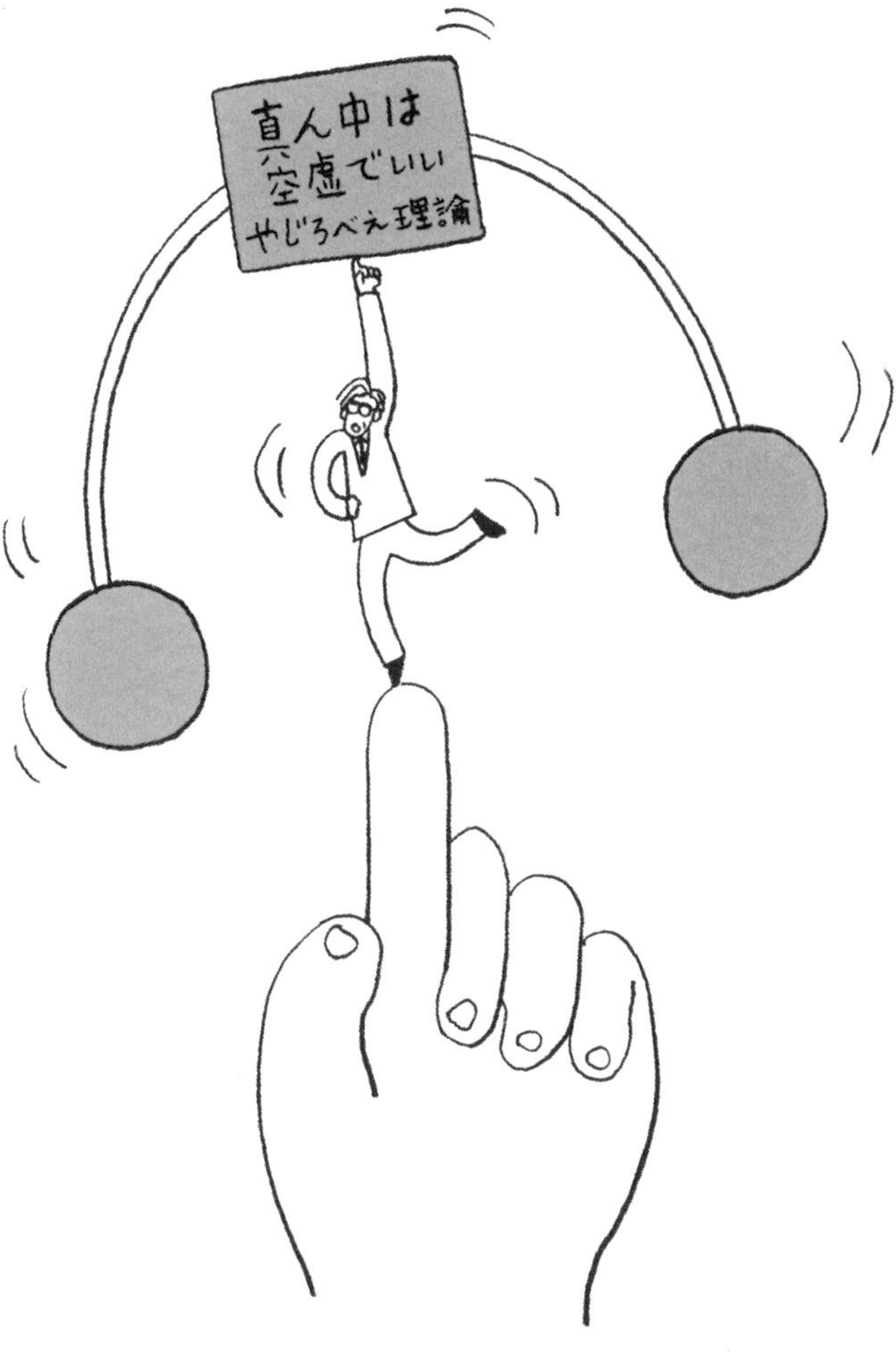

これがかなり安定する

いことをひと言」なんて注文されるとものすごく困るわけ。

自分の考えをいかに押《お》し出して人に広げるかというオピニオンの征服軍《せいふくぐん》みたいな、そういう気分はぼくはあんまりなくて、芸能としてやっている。その場をもりたてるゲームの感覚ね。ぼく、ゲーム人間。

ぼくが中学生ぐらいの時、「日本は必勝だ」という話だった。アメリカ人は自由主義で享楽的《きょうらくてき》だから、負ければすぐに手を挙げるという、そういう主張。それはむちゃくちゃなわけ。相手がまずい選択《せんたく》をすることを期待するのはいいわけ。しかしそれは期待であってね、相手は最良の選択をするかもしれんという可能性を考えながらやらんと、ゲームはできない。これをやれば相手はこうするはずだというのは、ゲームの原理に反してる。碁《ご》でも将棋《しょうぎ》でも、マージャンでもブリッジでも、「こうやれば、相手はこういう手を打つはずだ」なんて思ったって、ほかの手を打つかもわからない。「こうやって来るやろけど、ひょっとしたらこうしてくれるかもわからんし、ちょっとこういうひっかけをしようか」と、いろいろ考えるわけ。相手がこうするだろうという思いこみではできない。しかしぼくは、あんまり実戦的じゃないから、孤独《こどく》な人でして。

孤独な人というと、コンピューター少年がふえてるというのに対して、よう悪口いう人がいるでしょう。あれがものすごう気に入らんわけよ。ぼくはさんざんいわれたもの。本ばっかり読んでないで、外に行って友だちと遊びなさいとか。

文学少年なんて孤独なもんよ。たまに話のあうやつもいるけども、大多数とは話があわないしね。ブラウン管だけだと、世間がせまくなるとかいうのも本と同じことでね。本なんか読まないで、世間とつきあえとかいうわけ。そりゃまあ、けっこうぼくは社交的ではあるんですけど、孤独が悪いというふうにいわれるとむかつくのね。

たしかに本ばっかり読んでたから、目が悪うなったし、昔だと結核《けっかく》になりやすいともいわれたし。子どもは元気に、外で遊ぶほうがええといわれながら抵抗《ていこう》していたんでね。あいうことをいわれると、孤独がなんでいかんねんとこういいたくなるわけ。孤独もちょっといいものよ。

本とかブラウン管でなくても、やっぱり一種のシミュレーションゲームをやるわけよ、自分ひとりで。自分の人格を分裂させて、おれ、こう思うてるけど、こういう反対のおれというのがおって、それと議論をすればというてやるわけね。そうしてると、自分の考えを分裂させて、それを対立させせて遊ぶのがうまくなるから、ひとつの意見をまとめるよりは、バランスで生きるというのがだんだんうまくはなるよ。

向き不向きはある

人との交渉《こうしょう》ごととか、つきあいとかでやる時に、ゆとりをもったほうが勝ちだという感じがあるわけね。相手がカッカしてる時に、こっちが冷静でいるほうがだいたい勝ち。相対的にものを見られるからね。

ところがせっぱつまってやるほうがパワーがある。なんでもそうなんだけど、たとえば隠忍自重《いんにんじちょう》の末に、「もうこれしかない」というので、バッと一気に立ち上がるというスタイル。あれは明らかに迫力《はくりょく》がある。革命なんていうのはたしかにそういうパワーをうまく利用するようなところがあって、冷静でいたら革命なんかできへんよ。

だけどぼくは革命主義者ではないんでね。革命が起こったあと、つまり、「これしかない」っていうので、突破《とっぱ》して変わったあとは、維持《いじ》がうまくいかないことが多い。結局コントロールできないのね、パワーがありすぎて。コントロールを信じこんでどんどんいったら、ギロチンまで行っちゃうわけ。どっちかというと醒《さ》めてる人を排除《はいじょ》しながらいくから、ぼくなんか、穏健派《おんけんは》でギロチンへ送られかねない。それで、反革命退治がどんどん進む。ロベスピエールの恐怖《きょうふ》政治も最後まで行っちゃって、あとはまた反動が来る。

ぼく自身がそこへ行ったら、だいたいひどい目にあいそう。仮に指導者になったって、コントロールすることは、たぶん不可能やと思うしね。あんまり思いつめてやるというのは、長い目で見て、ほんとに社会にとってプラスかどうかもわからん。まあ、ときどきは、パワーで革命が起こったらおもしろいと思うけど。

むずかしいのは、革命の中に反革命をどれだけ維持できるかということ。革命というのはカタストロフィーやから、革命一色になっちゃうからね。また、革命の波の中で、反革命とかいうと殺されかねない。だからきついわけ。そういう時はしょうがないから、どっかあまり目立たんとこにいる。よく、「他人は自分の気持ちをわかってくれない」とぼやく人がいるけど、「おれの気持ちが他人などにわかってたまるか」のほうが安全。わかられたら殺されるから。

キノコみたいに、なんか陰《かげ》の部分で栄えてるというのが好きなんです。ぼくみたいなタイプで生きてく時に、あんまりおもてへ出ると、傷つく危険もあるから。おもてへ出ると本心を打ち明けないかんでしょう。その本心をいう時に、背景に権威《けんい》があったりすると目立つでしょう。もの書いたりしゃべったり、評論ぐらいならいいけど、演説になるとそうはいかへんよね。それなりのパワーを要求されるし。単純明快でないといけなかったりするでしょう。そういうのに向かへんねん。だから、ややこしいことは心のほうで処理して、なるべくその場その場で、その時の社交的状況《じょうきょう》に応じてやるほうがラクやと思う。

リーダーとかああいうのは、かなわんね。だからそういう状況に、身を置かなければいい。でも、うっかりすると、そうなりかねないからね。

やっぱり部長になったりすると、答弁とか団体交渉《こうしょう》とか、そういうのってやっぱり胸はってせないかんからね。「そないいうけどなあ……」とかいうことをいって団交やってたらぐあい悪いし。だから、予備折衝《せっしょう》、ボス交のたぐい、それは得意。自民党の金丸信《かねまるしん》※が「わしは総理の器《うつわ》ではない」といったな。昔からわりとああいうのにあこがれとった。（※編集部注・一九一四〜九六の日本の政治家）

ダメモト主義でいこう

それと、これも万人向きかどうかわからへんけどね、ぼくはわりと不器用でドジなわけ。で、ぼくはダメモト主義だから、自分のドジを組みこんで、ドジッた時になるべく安全なことをするというのが基本的防衛戦略なわけね。

できるだけ、他人から期待される場所には出ないこと。なぜかというと、他人から期待されているところでドジると、相手の期待を裏切って、相手を傷つけやすい。あんまり期待されていないところやったら、ドジをしてもだいじょうぶ。

たとえば、ぼくは数学少年だったから、仮に数学の問題をじょうずにといても、あんまり感心してくれない。ドジると先生は、「おまえできると思うたのに」という。英語だと、そういうのないから、うまいことといくと、期待を裏切って逆にほめられるでしょう。絶対そのほうが得なわけね。そうすると、ちょっと英語も得意になったり、国語も得意になったり、社会も得意になったり。

書評が明らかにそう。これも個性やからどっちがいいともいえへんけど、自分の持ち場を決めて、なるべくそこで勝負しようというタイプの人と、なるべく持ち場でないところへ行こうという人がいる。ダメモト主義だから、ぼくはもちろん後者なんですね。そのほうが気持ちよく書評できるよ。

たとえば物理学者のホーキングの本を書評するとなると、いくらか数学と近いでしょう。そうすると、同業者が読むことが多い。あるいは新聞じゃなくて科学雑誌で書評を書くと、やっぱり同業者を気にするでしょう。だからここではあんまり失敗したらいかんとかいうふうに、自分を拘束《こうそく》しちゃう。自由になりにくい。文学書なら、まあ、気楽にできる。それに、それをやっていると、だんだんこっちのレパートリーが結果的に広がっていく。

それと、これもバランス感覚に関《かか》わるんだけど、ぼくは、基本的には、明日できることはきょうするなという方針。ぼくは夏休みの宿題は最後の三日間でやる。たしかに不安なわけ、やり残していると。ところが、一種の美学なんだけど、不安でないようなふりをする。ぼくは自意識けっこうあるから、忘れているわけじゃないの。それにやっぱり失敗することもある。だってそれでなかったらスリルないもの。でも追いつめられたら、まあ、できることが多いよ。

だからそれ以前はほかのことをしているほうが、結果的にたくさんのことができるんちがうか。やらなきゃいけないことをすましちゃって、あとのんびりするというよりは、せないかんことはあとまわししておく。たとえば書評を書かんならん本は置いといて、別の本が来たから先に読むとかね。たぶんそのほうが、自分の仕事量がふえるんだと思う。

生きかたを決めすぎない

そういうわけで、計画を立てるのはいやなの。

夢を持つぐらいのことはいいですよ。「将来は、世界一のスパイになりたい」とかね。なれっこないんだけど。そういうのはいいけど、青年団から、町会議員になって、市議になって、県議になって、代議士になって、総理大臣になるというコースとかね。「あと二十九年たったら総理大臣」とかいうことをいうでしょう。政治家というのは、ああいうタイプの人がやっぱり多いんかな。ようわからん。

しかしコースを決めておくと、実際はその通りいかない人が、九十何パーセントで、サクセスストーリーの人というのは、ものすごく少ないわけでしょう。芥川賞《あくたがわ》を取ろうと思っている文学少年はものすごく多いだろうし、総理大臣になりたいと思っている政治家もものすごく多いでしょうね。

そこまでコースを決めたら、ぼくは損ちがうかという気がする。実際に目標に到達《とうたつ》できずに挫折《ざせつ》する可能性のほうがたぶん多いんで、挫折した時に、やっぱり寂《さび》しいと思うよ。総理大臣になろうと思って目標決めていて、その目標がかなり老齢《ろうれい》になってから、絶望になった時に、どうやってわが身をなぐさめ、どうやって自分の人生を納得《なっとく》するのか。失敗してもだいじょうぶと思ってやったほうが成功する確率が高いと思うね。仮に失敗してもだいじょうぶやし。

それからこれはぼくは目標立てないからわからないんだけど、きっちり目標を立てると、達成した時にむなしくないやろか。もう、これ以上することがない。よく役職になったとたんにうつ病が出たりするでしょう。

あんまり目標をかっちりしないほうがつねに新しい状況が出てくるし、たぶん精神も活性化するんやと思う。

青年の時に、一生のことを決めるにしても、迷うに決まっているでしょう、どっちみち。迷いを最後まで残しといて、可能性をどんどんふやしといたほうが、たぶん活性化するね。あとのことは決めないほうがいい。

学校では早くコースを決めろなんてことをいいたがる。前の人生二十年説やないけど、いまはどんどんその場その場で新しいことを考えていく人のほうが、調子がいいのにね。「役人やって、四十まではこれして、四十からああいうことして、六十になったらこうして……」なんて、そんな計画立ててその道を歩むなんて、アホらしくてできるかという感じ。

よく学生さんにいうんだけど、逆でね、決めるなっていう。若いうちからあらゆることに関心を持ち、あらゆる人とつきあい、あらゆる人の気持ちがわかるなんて、そんなむちゃなこというてもあかんのや。若い間は、やっぱり関心がせまかったり、あるパターンの人とはつきあいづらかったりしても、それはしゃあないんや。問題は、それを広げるかどうか。

若い時に、私は科学は向かんのよとか、芸術的なことはセンスがないのよとか決めるでしょう。あるいはこういうつきあい方しかできんとか、こういう人とつきあって生きていくんだとかいうふうな。そうやって決めたら、ある意味でラク。生き方のパターンは決まっていますからね。ところがその枠《わく》がどんどん自分をせまくしていく。かなり広く設定していても、だんだんせばまってくるのね。逆に、ちょっとこっちもおもろいでとかいうて変わっていくと、だんだん広がってくからね。そのかわり、不確定で不安定で、未来はさあどうなるか。それで耐《た》えられたらそれでええと思うけどね。

正義をこんなふうに考える

「十年後の日本はどうなると思いますか?」と首相がインタビューされて「さあ、その時になってみんとわからんだろうし、政策なんかいまから立てようありませんなあ、アッハッハ」といって、それが人気があるような日本人になってほしい。ほんまに民度の高い国民を持っていたらそういえるし、そうなったら、ぼくでも総理大臣になれる。しかしそれではつとまらんでしょう。

でも、そのほうがぼくはいいと思う。世の中、十年たったら変わるし、いまから予測したらろくなことない。結局、長期的にベターなようなことをやっていけるかということでね。しかし政治家は「十年後、こうします」とかいう、安定した未来像を期待されてしまう。まぼろしの安定度やと思うけど。

ぼくは、まぼろしの安定度を犠牲《ぎせい》にして、真の安定を求める。というとカッコええけど、そのほうが得やと思う。損得の問題。ただそれやると、あんまり正義の人になれないの。ぼくは正義というのは、やっぱり幻想《げんそう》やと思う。幻想をできるだけなくして生きていけるのが人間の成熟やと思うけど、それはそれなりに大変ですからね。

たとえば日の丸・君が代問題。ぼくは日の丸・君が代なんか実はどうでもよくて、国旗と国歌が気に入らんという立場。組合の旗も、カマ・トンカチもみんないやや。たかが布っきれにおじぎするというのは許しがたい。歩いたり、走ったりしながら持ってるのは、まだ許せる。壁《かべ》にはってあるという布、なんとなくあれ醜悪《しゅうあく》な感じがする。なぜ醜悪かといわれても困るんやけど、感性的に受け入れがたい。

旗というのは、もともとは、風になびくもんやと思う。はためくもの。なんか、大将の印かなんかでね、戦争の時に。それから走りまわる時に、目印にするとか。それが、だんだん儀式化《ぎしきか》していくでしょう。それから国歌というのも、みんなでいっしょに歌を歌うというのは、歩きながら歌う時は許せるけど、つっ立って歌うというのは、許せない。あれ嫌《きら》いなのね。

世の中ではふつう、国に国旗があって、国歌があるのはあたりまえだけど、日の丸はいかんとかいう論理になるでしょう。ぼくはちょっとそこでずれちゃう。国家というのも幻想やと思うけど、そうかといって、いますぐに国家なしですむかといったら、たぶんすまへんし。国の象徴《しょうちょう》というものに対して、思い入れを持って、それでまとまろうとする傾向《けいこう》があるのは事実でしょう。十年後の日本の将来を、首相が考えて予測するのだって幻想だと思うけど、それをしないでいるという人が多い。

やっぱり、それぞれに幻想に頼《たよ》って生きてるし、幻想が力になってることは事実。幻想だから無視する、というのはリアリズムじゃないと思う。しかし、しょせん幻想なんだから、それにしがみつくのもリアリズムじゃない。そんなふうに考えて生きてるほうがラクちがうかいう感じするのね。幻想だからけしからんといって、つぶしたら無理なんよ。世の中それで動くんやから。それは正義とちがうと思うけどね。しょせん、幻想と幻想が争ってる、なんて達観しちゃったりしてね。

信頼できる首相はあぶない

ぼくは戦争中、非国民少年の時に、不戦の誓《ちか》いを立てたんで、平和を守るために戦うとかいうのも全部苦手で、あらゆることのために戦えない。だって、戦争はかならず平和のため、正義のためにやるのよ。戦争中はそういう歌をよう歌わされたよ。「東洋平和のためならば」とか、「天にかわりて不義を撃《う》つ」とか。

それがにせの正義、にせの平和だとは、ぼくは思わない。しかしそうやってはみ出して非国民であったために、愛国少年の力というのはけっこう知っている。幻想の持つ力というのは、さからいがたいぐらい強いとこある。しかしそれ、性《しょう》に合わんかったって、生きていかなしゃあないものね。その時に、反戦平和とツッパッたら、憲兵が来るだけの話で。

しゃあないよな。

戦争中なんかみんな地獄《じごく》へ行くわけでしょう、愛国少年どもは。あれ、こわくないのね。「みんなで渡《わた》ればこわくない」で。あんな地獄みたいなこわいとこはね、みんなそろってないと行けへんのよ。「おれ、やめたあ」とかいって下りるほうがよっぽどこわい。それもね、肉体的に下りるほうだとね、こわいなりにツッパれるでしょう。獄中十八年で。そやけど、獄中十八年かなわんしね。そこまでツッパる気起こらんけど、少なくとも精神的には「ひとりで渡ろう」というぐらいのことはできる。そういうやつがたくさんおれば、だいたいものごとうまいこといかんけどね。そのかわり、あまりひどいことにもならない。

こないだ、新聞のインタビューで、「一国の首相が信頼《しんらい》を失っていいと思いますか」っていうから、「ええと思うよ」いうた。だって、首相を信頼していなかったら、たとえば太平洋戦争の開戦なんてできへんもの。あれ、いちおうみんな信頼していることになっとるから開戦するわけで。あんまり信頼されなかったらもっと早く、調子悪いからやめましょういうて、やめよるよね。だから、あんまり政府が信頼されてないほうが自由度高いんよ。政府が頼れないといろんなやつがいろんなこといえるから。そのほうがええと思うが

頼りない政府のほうがいい

な。

複数価値があれば気をつかうでしょう。異質なものとつきあうというのは、それなりに気をつかう。だめでもともと、ドジッてもええわいうたって、やっぱり気をつかうわけ。他人の領域に入っていくわけだから。たとえば自然科学の領域だと気のつかい方のマニュアルができているわけね。マニュアルがないところで気をつかう——かしこいかどうかというより、気をつかうかどうか。自由というのは気をつかうことなのよ。枠からちょっとぐらい出てもなんとかなると思う程度に調整せんならんから気つかうわけ。

非行の芽はたいせつだ

前に、『更生《こうせい》補導』とかいう雑誌からエッセイ頼《たの》まれてね。笑っちゃう。その時のコンセプトは、非行の芽はだいじに育てましょうというの。枠があるとするでしょう。悪いのは、枠のギリギリのところへ行かないで、まん中に固まろうとすること。まん中に固まるほうが、さっきのヤジロベエ理論からいうと安定度が悪い。一色になったら安定度悪いわけ。いくらか広がったほうがいい。人間の本性《ほんしょう》は、ここ入るべからずというとちょっと入りたくなったり、ちょっと枠からはみ出したくなるもんだと思う。その、枠からはみ出そうという傾向というのは非行の芽なのね。ちょっと枠の外へ出たり、それからこれはヤバいなとかいうてもどってきたり、さかい目のへんをうろうろするフットワークをおぼえたりというのが、たぶんいい状態。非行だって、ちょっと出て、ああ、ここはヤバいといってもどってくる分には、全然さしつかえないと思う。

ところが、そこを無人地帯にしてしまう。非行の芽を刈りとって。そうすると、帰り道がないの。いまは非行というのはかわいそうで、一方通行。出たらもうもどってこられない。清水《きよみず》の舞台《ぶたい》から飛び降りちゃうからもうもどれないのね。出たり入ったりできるほうがいいわけね。ちょっとぐらい、そこらへんうじゃうじゃしてもええやないかいうたら、まじめな中学校の先生が、「そんなら規則をやぶっても目をつぶれというのですか」という。

ちゃうねん。規則を守ってまん中へんにおるやつは、目つぶっててもだいじょうぶやねん。そのさかい目におるやつは、先生は目をあけてんといかんのや。それもマニュアルどおりいかへんでね。さかい目で切れへんから。この子やったら、まあ回復力あるから、このぐらいのことしてもだいじょうぶとか、この子はこのへんでちょっとブレーキかけんと、向こうへ行ったきりになるとかいうて、目をカッとあけてないといかんの。

うじゃうじゃしたさかい目をうろうろするというのは、けっこう気をつかうわけ。だけど、外側の規則だけじゃなく、自分の内面的な規則からも、このへんという見当ぐらいで、多少うろうろしているうちに、だんだん自分の枠が広がる。端《はし》をうろうろするフットワークがだんだんじょうずになるでしょう。

前に下宿の話をティーチインでやってて、学生が「下宿いうたら、自由か思うたら、いろんな友だちが遊びに来たりしてちょっとも自分の時間が持てなくて、かえって不自由ですわ」いうから、「アホか、それを自由というのや」と。ママさんのつくった勉強部屋で、カギをかけて中へ閉じこもってひとり孤独にアダルトビデオを見るのは自由ではなくて自閉なんや。

結局ややこしくなるわけね、自由であればあるほど。でも結果的には楽しい。自分自身が広がっていくから。世間もたぶんそのほうがいいよね。正義のためとはいわんけど、世間のためにはたぶんそのほうがええと思う。

枠にこだわらず生きる

人間て矛盾《むじゅん》したところがあって、まずみんながわかりきったことだと不思議じゃないわけ。しかし自分一人でびっくりしててもあまりおもしろくないわけ。まわりに、「ウッソー」とかいう人がいてくれると、はりあいがある。ところが「ウッソー」という仲間をどんどんふやして、みんなが知ってしまうともうだめ。なんか自分一人じゃつまらんし、広げないとつまらんし、まわりに対して特権性を持ってないといかんし、特権性だけで私有してたらだめでしょう。

ものを考える時の安定した枠があるでしょう。その上で、安定した枠とちがうことがあって枠がゆらぐから、びっくりするのね。たとえばお日さまが動いていると思うてる時に、「実は地球が回っているんで」というと、これは迫力がある。ガリレオ・ガリレイは、みんながあれを信じなかったから、いいがいがあった。

板倉聖宣《いたくらきよのぶ》の一派がこのごろわりとはやらしているのは、昆虫《こんちゅう》は六本足というけど、チョウチョウの種類によっては四本足のもけっこういるという話。二本が退化してて。タテハチョウだったか何かおぼえてないけど。四本足いうたら、不思議でびっくりするでしょう。それでけっこうはやっている。でも、あれみんなが知ってしもたら全然しょうがないわけ。学校で、「次のチョウのうち六本足のところには丸、四本足のところには三角を書きなさい」ってテストでやってたら、全然おもしろない。学校でなんとなく六本足という一応の安定した枠があって、その安定したのがひっくり返るからおもしろいわけでしょう。

だから、これがまた変なもんで、人間は安定した枠がないと生きていけないんだけど、その安定した枠をこわすと喜ぶというところがある。安定した枠だけ守っていると、ほんまのところは生きづらい。とくに年とると、だんだんつらくなっちゃう。細く、せまく、暗くなりやすいしね。なるべく自分の安定した枠に合わんような話が出てきて、それに気づかいしながら生きていくほうがたぶん年とっても長持ちする。とくに五十、六十になると切実な問題だと思うよ。

若者にしたって、大人になってどうなるかなんていうことを考えるより、おじいさん、おばあさんになっても生きやすいように、いまのうちからなるべく自由に、枠にこだわらずに生きることをしといたほうが得よ。それが人生の目標みたいなとこあるよ。だって、なんぼええことしたって、最後はおじいさんやおばあさんになっていく。

経験にはいいも悪いも混じっている

老後の考え方は、ぼくは計画を立てるなということで、むしろ年とったたって、何しても生きられるような老人になることが理想でしょう。実際そうなるかどうかわからんけど、鴨長明《かものちょうめい》みたいな生き方でも生きられるような老人。時代とか個人差があると思うけど、十代の後半から二十代のはじめぐらいに、なんとなくそういう、老年へのあこがれみたいなのあるのとちがう？　ぼくはいくらかそんな感じがするな。少年は老年の魂《たましい》を持っているという。なんとなく、あるよね。自分とちがうだけに、かえって。

だからいまのうちに、老年を精神的にとりこむ。太宰治《だざいおさむ》でも中原中也《なかはらちゅうや》でも、あのへんにはなんか全部、若い時に、老年の影があるでしょう。あれも時代性があるのかもわからんけど。

　ぼくは、青春マッカッカというのは、うそちがうかと思う。けっこう、青春というのはいくらか暗かったり、老人の魂みたいなものにちょっとあこがれたり、そういう屈折《くっせつ》があって、陰影《いんえい》があるほうがいいんちがうかなあ。中学生ぐらいで、ちょっとませた子の中では、谷崎潤一郎《たにざきじゅんいちろう》の『陰翳礼讃《いんえいらいさん》』とかあんなものもはやったしね。それは昭和初期文学少年のパターンかもしれないけど。

　若い間というのは、どうせいろいろと迷ったり、悩《なや》んだりするもんでしょ。それを逆に「若さ」のコンセプトに無理に流しこんじゃおうとしたりする。それでも、人それぞれに、いろんな経験をしたりする。

　どの経験がよくて、どの経験が悪い、ということはないと思う。どうせ、どんな経験にだって、いいことと悪いことが、まじっている。それを、プラスに転化するようにしさえすればいいんや。なかには、プラスに転化しにくいようなこともあるかもしれんけど、たぶんそうした経験のほうが、プラスに転化できたとき大きいし、転化しがいもあるんやから。

次に読んでほしい本

著者は、数学者としての専門書のほかに、本書のようなエッセイや、本の目利きとしてアンソロジーの編者など、多岐にわたる本にかかわる仕事をしました。ここでは、比較的《ひかくてき》手に入れやすい本を中心に著者の著作を紹介《しょうかい》いたします。（編集部）

森《もり》毅《つよし》
まちがったっていいじゃないか
ちくま文庫、1988年

人間、ニブイのも才能だ！　まちがったらやり直せばいい。少年のころを振《ふ》り返り、若い読者に肩《かた》の力をぬかせてくれる人生論。

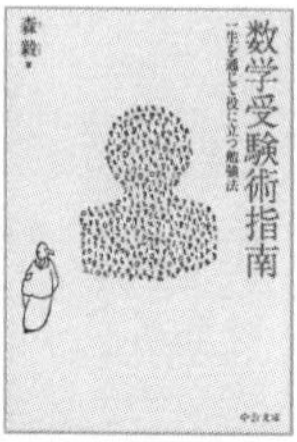

森毅
数学受験術指南
——一生を通じて役に立つ勉強法
中公文庫、2012年

人間は誰《だれ》だって、「分からない」に直面している。「分からない」とどう付き合って、これをどう味方にするか。受験数学を超《こ》えて人生を指南する一書。

森毅著　池内《いけうち》紀《おさむ》編
森毅ベスト・エッセイ
ちくま文庫、2019年

まちがったって、完璧《かんぺき》じゃなくたって、人生は楽しい。稀代《きだい》の数学者が放った教育・社会・歴史他様々なジャンルに渡《わた》るしなやかなエッセイを厳選収録！

森毅
数学的思考
講談社学術文庫、1991年

人はなぜ、この抽象的《ちゅうしょうてき》・観念的な思考法を必要としてきたのだろう。「数学ができる子は頭がいい」のか。それとも「数学などやるやつは頭が少しおかしい」のか。世の中に行き交う7つの「数学迷信」の由来をたずねて、著者は古代ギリシャから現代数学への道筋を辿《たど》る。

森毅・文　安野《あんの》光雅《みつまさ》・絵
3びきのこぶた（美しい数学シリーズ）
童話屋、1985年

おおかみに狙われている、3びきのこぶたの家は、3軒《けん》ならぬ5軒もあったなら。果たしてこぶたがどこに隠《かく》れているのか、おおかみは見つけることができるだろうか。森さんが「順列と組合わせ」をテーマに文を書き、安野光雅さんが絵をつけた画期的絵本。

森 毅

もり・つよし

1928年東京生まれ。数学者。東京大学数学科を卒業。京都大学名誉教授。数学者の仕事はもとより、自由で鋭い教育論や人生論で多くの人の心をつかんだ名物教授でもあった。数学関係の主な著書として『現代の古典解析』『ベクトル解析』（ちくま学芸文庫）『数学の歴史』『数学的思考』（講談社学術文庫）『数学受験術指南』（中公文庫）、エッセイに『まちがったっていいじゃないか』『森毅ベスト・エッセイ』（ちくま文庫）ほか多数。2010年7月逝去。

本書は1990年に小社から刊行した森毅著
『悩んでなんぼの青春よ』（ちくまプリマーブックス）を再編集したものです。

ちくまQブックス
悩《なや》んでなんぼの青春《せいしゅん》よ
頭《あたま》がいいとはどういうこと？

2021年12月20日　初版第一刷発行

著　者　森毅
装　幀　鈴木千佳子
発行者　喜入冬子
発行所　株式会社筑摩書房
東京都台東区蔵前2-5-3　〒111-8755
電話番号03-5687-2601（代表）
印刷・製本　中央精版印刷株式会社

ISBN978-4-480-25119-0 C0395